Falun Gong

Der Weg zur Vollendung

Li Hongzhi

Orginaltitel: Falun Fofa Dayuanman Fa

Einzig autorisierte Übersetzung aus dem Chinesischen
von der Deutschen Falun Dafa Übersetzergruppe

www.tiantibooks.org

Printed in Germany

Der Verfasser

Meister Li Hongzhi

旋法至極

佛法無邊

法輪常轉

Das Fa dreht sich hoch ins Unendliche
Das Fofa besitzt grenzenlose Macht
Das Falun dreht sich immer und ewig

Dieses Bild des Falun ist der Kosmos in Miniatur; Das Falun hat in den anderen Räumen auch seine Existenzformen und Umwandlungsprozesse, deshalb sage ich, dass es eine Welt ist.

Li Hongzhi

KAPITEL 1

KAPITEL 2

KAPITEL 3

KAPITEL 4

KAPITEL 5

KAPITEL 6

ANHANG

Kapitel 1 Einführung

Qigong hat in China eine sehr lange, weit in die Vergangenheit reichende Geschichte, deshalb hat das chinesische Volk bei der Kultivierung des Qigong besonders günstige Voraussetzungen. Viele große und im Geheimen überlieferte Kultivierungsmethoden des Qigong im buddhistischen und im taoistischen System, die als Kultivierung des orthodoxen Fa bezeichnet werden, sind bereits an die Öffentlichkeit gebracht worden. Die Kultivierungsmethoden im taoistischen System sind einzigartig; das buddhistische System hat auch seine eigenen Methoden. Falun Gong ist eine große Kultivierungsmethode zur Kultivierung hoher Ebenen des Qigong im buddhistischen System. Beim Kurs werde ich zuerst euren Körper in Ordnung bringen, und zwar in einen Zustand, der für die Kultivierung zu hohen Ebenen geeignet ist. Dann setze ich das Falun (Gebots-Rad) und die Qi-Mechanismen in euren Körper ein. Danach bringe ich euch die Übungen bei. Außerdem werden meine Fashen (Gebots-Körper) euch beschützen. Aber das allein reicht noch bei weitem nicht aus, um die Kultivierungsenergie wachsen zu lassen. Darüber hinaus wird von euch auch noch verlangt, die Grundsätze für die Kultivierung auf hohen Ebenen zu verstehen. Genau das ist der Inhalt dieses Buches.

Ich erkläre den Kultivierungsweg auf hohen Ebenen, deshalb spreche ich nicht darüber, wie bestimmte Meridiane, Akupunkturpunkte oder Kanäle zu kultivieren sind. Was ich erkläre, ist eine große Methode zur Kultivierung, eine große Methode zur wahren Kultivierung auf hohen Ebenen. Am Anfang hört sich das vielleicht mystisch an, aber ein entschlossener Qigong-Kultivierender wird das Mystische und Wundervolle begreifen, solange er versucht, es genau wahrzunehmen und zu erkennen.

1. HERKUNFT DES QIGONG

Das Qigong, von dem wir heute reden, heißt eigentlich nicht Qigong. Es stammt von der Kultivierung in der Einsamkeit in den alten Zeiten Chinas oder von der Kultivierung in den Religionen. Auch wenn man in allen Bänden der "Texte des Elixiers", der "taoistischen Schriften" und der "Dazang-Sutren" nachschlägt, kann man das Wort "Qigong" nirgendwo finden. Während der Entwicklung unserer jetzigen menschlichen Zivilisation hat es das Anfangsstadium der Religionen durchlaufen. Vor der Entstehung der Religionen hat es schon Qigong gegeben. Nachdem die Religionen entstanden waren, erhielt es eine gewisse religiöse Färbung. Sein ursprünglicher Name war "Großer Weg der Kultivierung zum Buddha" oder "Großer Weg der Kultivierung zum Tao". Es gab noch andere Namen wie "Neunfaches Kreisen des goldenen Elixiers", "Weg des Arhats" und "Dhyana von Vajra". Jetzt nennen wir es "Qigong", um dem Denken der modernen Menschen besser zu entsprechen und um es in der Gesellschaft leichter bekannt zu machen. Bei uns in China ist es dem Wesen nach etwas, was ausschließlich zur Kultivierung des menschlichen Körpers dient.

Qigong ist keine Erfindung von uns - der diesmaligen Menschheit. Es hat eine sehr sehr lange Geschichte. Wann ist Qigong denn entstanden? Manche sagen, Qigong habe schon eine Geschichte von dreitausend Jahren und habe sich in der Tang-Dynastie weit verbreitet. Manche sagen, es habe eine Geschichte von fünftausend Jahren und sei so alt wie die Kultur des chinesischen Volkes. Manche sagen, von den archäologischen Funden her gesehen habe es schon eine Geschichte von siebentausend Jahren. Wie ich sehe, ist Qigong keine Erfindung der heutigen Menschheit. Es gehört zu den vorgeschichtlichen Kulturen. Menschen mit Kultivierungsfähigkeiten haben herausgefunden, dass der Kosmos, in dem wir leben, ein zusammengesetztes Objekt ist, das nach neun Explosionen entstanden ist. Das Gestirn, auf dem wir leben, ist schon mehrmals zerstört worden. Jedes Mal, wenn dieses Gestirn neu zusammengesetzt wird, vermehren sich die Menschen von neuem. Heute ist vieles auf der Welt entdeckt worden, was über die moderne Zivilisation hinausgeht. Nach Darwins Evolutionstheorie haben sich die Menschen aus Menschenaffen entwickelt, und die Zivilisation wäre nicht älter als zehntausend Jahre. Aber bei archäologischen Funden hat man entdeckt, dass es in Höhlen in den Alpen Europas Felsmalereien von vor 250 000 Jahren gibt, sie sind von großem künstlerischem Wert, und die modernen Menschen können dieses Niveau nicht erreichen. Im Museum der Staatlichen Universität Perus gibt es einen großen Stein mit einer eingemeißelten Menschenfigur, die mit einem Fernrohr die Himmelskörper beobachtet.

Diese Menschenfigur hat schon eine Geschichte von über 30 000 Jahren. Ihr wisst, dass Galileo Galilei 1609 ein Teleskop mit dreißigfacher Vergrößerung erfunden hat. Seither sind nur über dreihundert Jahre vergangen. Woher kam dann das Teleskop vor mehr als 30 000 Jahren? In Indien gibt es einen Eisenstab, dessen Reinheit über 99% beträgt. Auch mit heutiger Verhüttungstechnik lässt sich Eisen in solch einer Reinheit nicht gewinnen. Das übertrifft den heutigen technischen Stand. Wer hat diese Zivilisation erschaffen? Die Menschen sollten damals vielleicht noch Mikroben gewesen sein, wie könnten sie dann so etwas erschaffen haben? Solche Entdeckungen haben die Aufmerksamkeit der Wissenschaftler aller Länder der Welt geweckt. Weil sie von ihnen nicht erklärt werden können, nennen sie sie "vorgeschichtliche Kulturen".

Das wissenschaftliche Niveau einer jeden Periode ist unterschiedlich. In manchen Perioden war es sehr hoch und übertraf das Niveau unserer jetzigen Menschheit. Jene Zivilisationen sind jedoch zerstört worden. Deshalb sage ich, dass Qigong nicht von unseren heutigen Menschen erfunden und erschaffen worden ist, sondern es ist von den heutigen Menschen entdeckt und vervollkommnet worden. Es gehört zu den vorgeschichtlichen Kulturen.

Qigong gibt es nicht nur in China, sondern auch im Ausland. Aber es wird nicht Qigong genannt, in den westlichen Ländern wird es Magie genannt, in den USA, in Großbritannien und anderen Ländern wird es so genannt. In den USA gibt es einen Magier, der David Copperfield heißt, eigentlich ist er ein großer Meister mit besonderen Kultivierungsfähigkeiten. Er hat einmal vorgeführt, wie er durch die chinesische "Große Mauer" hindurchdrang. Bevor er die Mauer durchdrang, bedeckte er sich mit einem weißen Tuch, das er dann an die Mauer hängte. Danach ist er hindurchgedrungen. Warum hat er es so gemacht? Denn wenn er es so machte, dachten die Menschen, es wäre Magie. Er musste es so machen. Er wusste, dass es in China viele hochkultivierte Menschen gibt; und er wollte nicht von ihnen gestört werden, deshalb hat er sich bedeckt, bevor er in die Mauer eindrang. Als er herauskam, drückte er mit einer Hand gegen das Tuch, dann kam er heraus. "Die Fachleute blicken hinter die Kulissen, während die Laien nur die Show sehen." So glaubten die Zuschauer, dass das Magie wäre. Sie nennen solche Kultivierungsfähigkeiten deshalb Magie, weil sie sie nicht für die Kultivierung des Körpers benutzen, sondern für die Vorführung auf der Bühne, um etwas Wundervolles zu zeigen und Spaß zu haben. Auf niedrigen Ebenen dient Qigong dazu, den Zustand des menschlichen Körpers zu verändern, Krankheiten zu heilen und Gesundheit zu erhalten; auf hohen Ebenen bedeutet Qigong die Kultivierung des Benti (des eigenen Körpers).

2. QI UND KULTIVIERUNGS-ENERGIE

Das "Qi" (气), von dem wir heute reden, wurde von den Menschen alter Zeiten "Qi" (炁) genannt. Dem Wesen nach sind sie dasselbe, sie beziehen sich beide auf das kosmische Qi, eine Art formloser und gestaltloser Substanz im Kosmos. Sie beziehen sich nicht auf das Qi, das "Luft" bedeutet. Wenn die Energie dieser Art Substanz durch die Kultivierung des menschlichen Körpers in Bewegung gebracht wird, kann sie den Zustand des menschlichen Körpers verändern, die Krankheiten heilen und den Körper stärken. Doch Qi ist nun einmal Qi, du hast Qi und er hat auch Qi. Qi und Qi können nicht gegenseitig aufeinander wirken. Manche sagen, Qi könne Krankheiten heilen; oder wenn jemand ein bisschen Qi abgibt, könne er andere heilen. Das alles ist wissenschaftlich nicht haltbar, weil Qi überhaupt keine Krankheiten heilen kann. Wenn ein Praktizierender am Körper noch Qi hat, bedeutet das, dass sein Körper noch nicht ein milchweißer Körper ist; das bedeutet, dass er immer noch Krankheiten hat.

Was ein hochkultivierter Mensch abgibt, ist kein Qi, sondern sind Hochenergiemassen, hochenergetische Substanzen, die sich in Form von Licht zeigen. Ihre Körnchen sind sehr fein und dicht. Das ist Kultivierungsenergie, erst das kann auf die gewöhnlichen Menschen wirken und Krankheiten anderer behandeln. Es gibt einen Satz: "Buddhas Licht strahlt weit, Schicklichkeit, Gerechtigkeit, harmonisch und klar." Das heißt, der Körper eines Menschen, der ein orthodoxes Fa kultiviert, hat sehr starke Energie. Wohin er auch geht, alle anormalen Zustände im Einflussbereich seiner Energie können berichtigt und in den Normalzustand gebracht werden. Wenn zum Beispiel der Körper eines Menschen Krankheiten hat, dann bedeutet das, dass sich der Körper in einem anormalen Zustand befindet. Wenn dieser Zustand berichtigt worden ist, werden die Krankheiten auch beseitigt. Deutlich gesagt, ist Kultivierungsenergie eben Energie. Die Kultivierungsenergie ist etwas Materielles, durch Kultivierung können die Praktizierenden ihre Existenz wahrnehmen.

3. KULTIVIERUNGSKRAFT UND KULTIVIERUNGSFÄHIGKEITEN

3.1 KULTIVIERUNGSKRAFT ENTSTEHT DURCH DIE KULTIVIERUNG DER XINXING

Die Kultivierungsenergie, die die Ebene der Kultivierungskraft eines Menschen wirklich bestimmt, entsteht nicht durch körperliche Übungen, sondern wird aus "Tugend", einer Art Substanz, umgewandelt und durch die Kultivierung der Xinxing herauskultiviert. Dieser Umwandlungsprozess kommt nicht von "Schmelztiegel auf den Ofen stellen" und "Kräuter sammeln und Elixier veredeln", so wie es sich die gewöhnlichen Menschen vorstellen. Die Kultivierungsenergie, die wir meinen, entsteht außerhalb des Körpers. Sie entsteht zuerst am Unterkörper und wächst spiralförmig mit der Erhöhung der Xinxing nach oben. Sie bildet sich nur außerhalb des Körpers. Dann bildet sich auf dem Scheitel eine Säule der Kultivierungsenergie. Wie hoch diese Säule ist, so hoch ist die Kultivierungsenergie dieses Menschen. Die Säule der Kultivierungsenergie befindet sich in einem versteckten Raum, den die normalen Menschen nicht so leicht sehen können.

Die Kultivierungsfähigkeiten werden von der Kultivierungskraft verstärkt. Diejenigen mit einer höheren Kultivierungskraft und einer hohen Ebene haben größere Kultivierungsfähigkeiten und können sie geschickt verwenden, während diejenigen mit einer niedrigen Kultivierungskraft kleine Kultivierungsfähigkeiten haben, und sie können sie auch nicht so geschickt oder gar nicht verwenden. Die Kultivierungsfähigkeiten allein können die Stärke der Kultivierungskraft und die Höhe der Ebene eines Menschen nicht verkörpern. Was die Ebene eines Menschen bestimmt, ist nicht die Kultivierungsfähigkeit, sondern die Kultivierungskraft. Manche sind beim Praktizieren "verschlossen", ihre Kultivierungskraft ist sehr hoch, aber sie haben nicht unbedingt viele Kultivierungsfähigkeiten. Die Kultivierungskraft spielt die entscheidende Rolle und wird mithilfe der Xinxing herauskultiviert. Das ist das Allerentscheidendste.

3.2 Kultivierungsfähigkeiten sind nicht das, wonach die Praktizierenden trachten

Alle Praktizierenden interessieren sich für Kultivierungsfähigkeiten. In der Gesellschaft haben die übernatürlichen Fähigkeiten eine sehr verlockende Wirkung. Viele wollen gewisse Kultivierungsfähigkeiten besitzen. Aber Menschen mit einer schlechten Xinxing können diese Fähigkeiten nicht besitzen.

Gewöhnliche Menschen können mancherlei Kultivierungsfähigkeiten haben, zum Beispiel mit dem Himmelsauge sehen, mit dem Himmelsohr hören, Gedankenübertragung, Voraussagen und so weiter. Bei jedem ist es jedoch anders, im Zustand der allmählichen Erleuchtung wird man nicht alle diese Kultivierungsfähigkeiten haben. Gewöhnliche Menschen können manche Kultivierungsfähigkeiten nicht haben, zum Beispiel einen Gegenstand in diesem materiellen Raum in einen anderen Gegenstand umzuwandeln. Solche Fähigkeiten können gewöhnliche Menschen nicht haben. Große Fähigkeiten kann man nur durch das Praktizieren erwerben. Falun Gong hat sich den kosmischen Prinzipien entsprechend entwickelt. Alle Fähigkeiten, die es im Kosmos gibt, sind im Falun Gong enthalten. Es kommt nur darauf an, wie weit sich die Praktizierenden kultivieren. Es ist kein Fehler, einige Kultivierungsfähigkeiten bekommen zu wollen, aber wenn man zu stark danach trachtet, ist das kein normaler Gedanke mehr. Und das wird schlechte Folgen haben. Wenn man auf niedrigen Ebenen einige Kultivierungsfähigkeiten bekommt, nützt das kaum etwas. Man denkt dabei an nichts anderes, als sie einmal einzusetzen und den gewöhnlichen Menschen einmal seine Tüchtigkeit zu zeigen, um unter den gewöhnlichen Menschen als stark zu erscheinen. Wenn es so ist, zeigt das gerade die niedrige Xinxing dieses Menschen und dass es richtig ist, ihm keine Kultivierungsfähigkeiten zu geben. Würden den Menschen mit einer schlechten Xinxing manche Kultivierungsfähigkeiten gegeben, so würden sie damit Schlechtes tun, denn wenn die Xinxing nicht zuverlässig ist, kann nicht sichergestellt werden, dass sie nichts Schlechtes tun.

Auf der anderen Seite können all die Fähigkeiten, die vorgeführt werden dürfen, nicht dazu eingesetzt werden, um die menschliche Gesellschaft und das normale gesellschaftliche Leben zu verändern. Es ist nicht erlaubt, die wirklich hohen Kultivierungsfähigkeiten vorzuführen, denn ihre Wirkung und die Gefahren wären zu groß. Man darf doch zum Beispiel nicht vorführen, wie man ein Hochhaus einstürzen lässt. Die besonders großen Fähigkeiten darf niemand einsetzen außer denjenigen, die besondere Missionen haben. Ansonsten ist es nicht erlaubt, sie einzusetzen, und sie können auch nicht gezeigt werden, weil sie unter der Kontrolle des Meisters stehen.

Oft jedoch gibt es gewöhnliche Menschen, die einen Qigong-Meister unbedingt dazu nötigen, etwas vorzuführen. Sie zwingen ihn, etwas zu zeigen, damit sie es sich einmal anschauen können. Alle, die solche Kultivierungsfähigkeiten haben, wollen sie nicht vorführen, weil das nicht erlaubt ist. Sollten sie sie vorführen, würde der ganze Zustand der Gesellschaft beeinflusst. Einer, der wirklich große Tugend hat, darf seine Kultivierungsfähigkeiten nicht zeigen. Bei der Vorführung waren manche Qigong-Meister sehr schwermütig, und danach war ihnen zum Weinen zumute. Zwingt sie nicht zum Vorführen! Sie fühlen sich im Herzen sehr unwohl, wenn sie ihre Fähigkeiten zeigen. Ein Lernender hat einmal eine Zeitschrift mitgebracht, gegen die ich sofort Abscheu hatte. Darin stand: "Eine internationale Qigong-Konferenz findet statt. Wer Kultivierungsfähigkeiten hat, kann an einem Wettkampf teilnehmen. Wer starke Fähigkeiten hat, kann sich dafür anmelden." Nachdem ich das gelesen hatte, fühlte ich mich ein paar Tage lang unwohl im Herzen. So etwas darf nicht für einen Wettkampf eingesetzt werden. Wer es tut, wird es bereuen. Die gewöhnlichen Menschen achten ja nur auf das Praktische in der Welt, aber die Qigong-Meister sollten Selbstachtung haben.

Wozu will man Kultivierungsfähigkeiten haben? Sie verkörpern den geistigen Horizont und das Streben eines Praktizierenden. Wenn seine Gedanken nicht rein, aufrichtig und beständig sind, kann er keine hohen Kultivierungsfähigkeiten bekommen. Dafür gibt es einen Grund, nämlich, solange du noch nicht zur Erleuchtung gekommen bist, beurteilst du das Gute und das Schlechte nur nach den Kriterien des weltlichen Fa. Du kannst das wahre Antlitz und den schicksalhaften Zusammenhang der Dinge nicht sehen. Wenn unter den Menschen geschlagen, geschimpft oder schikaniert wird, gibt es mit Sicherheit einen schicksalhaften Zusammenhang. Wenn du das nicht durchschauen kannst, machst du es unter Umständen nur schlimmer. Um Dank und Groll, Recht und Unrecht unter den gewöhnlichen Menschen kümmert sich das weltliche Fa, Praktizierende sollen sich nicht darum kümmern. Denn wenn du noch nicht zur Vollendung gekommen bist, ist das wahre Antlitz der Angelegenheiten, die du mit deinen Augen siehst, nicht unbedingt so, wie du es siehst. Wenn jemand einem anderen einen Faustschlag gibt, kann es sein, dass die beiden ihr "Karma" begleichen.

Wenn du eingreifst, kannst du die Begleichung ihres "Karmas" beeinträchtigen. "Karma" ist eine Art schwarze Substanz, die sich rings um den Körper des Menschen befindet. Es ist etwas materiell Existierendes in einem anderen Raum und kann sich in Krankheiten und Unheil umwandeln.

Jeder hat Kultivierungsfähigkeiten. Wichtig ist, sie durch ständige Kultivierung zu erschließen und zu verstärken. Wenn ein Praktizierender nur nach Kultivierungsfähigkeiten trachtet, handelt er kurzsichtig, und seine Gedanken sind nicht rein. Ganz gleich, was er mit diesen Fähigkeiten machen will, dahinter hat er egoistische Gedanken, und das wird das Praktizieren mit Sicherheit beeinträchtigen. Das führt dann dazu, dass er keine Kultivierungsfähigkeiten bekommt.

3.3 Kontrolle über die Kultivierungskraft

Manche Praktizierende praktizieren noch nicht lange, und schon wollen sie Kranke behandeln, um zu sehen, ob es funktioniert oder nicht. Wenn deine Kultivierungskraft nicht hoch ist und du dann schon die Hand zur Probe ausstreckst, ziehst du viel schwarzes, krankes und trübes Qi vom Körper des Kranken auf deinen eigenen Körper. Denn du hast nicht die Fähigkeit, das kranke Qi abzuwehren, du hast auch keinen Schutzschirm am Körper, und so bildest du mit dem Kranken ein gemeinsames Feld. Du kannst dich ohne hohe Kultivierungskraft nicht davor schützen, und so fühlst du dich sehr unwohl. Wenn sich niemand um dich kümmert und es lange dauert, wirst du überall am Körper Krankheiten haben. Deshalb können diejenigen ohne hohe Kultivierungskraft Krankheiten anderer nicht behandeln. Es sei denn, du hast schon Kultivierungsfähigkeiten bekommen und besitzt gewisse Kultivierungskraft, dann kannst du mit Qigong Kranke behandeln. Manche haben zwar Kultivierungsfähigkeiten bekommen und können Krankheiten behandeln, aber wenn ihre Ebene niedrig ist, verbrauchen sie bei der Behandlung ihre gesammelte und gespeicherte Kultivierungskraft sowie ihre eigene Energie. Denn die Kultivierungsenergie ist nun einmal Energie und ein intelligentes Wesen. Sie lässt sich sehr schwer sammeln und speichern. Diese Kultivierungsenergie abzugeben, bedeutet nichts anderes als sich selbst zu verbrauchen. Während du die Kultivierungsenergie abgibst, wird die Säule der Kultivierungsenergie über deinem Kopf kürzer und verbraucht sich. Das lohnt sich überhaupt nicht. Deshalb bin ich nicht dafür, dass man Kranke behandelt, wenn man keine hohe Kultivierungskraft besitzt. Wie gut deine Techniken auch sein mögen, du verbrauchst dabei nur deine eigene Energie.

Wenn die Kultivierungskraft eine gewisse Stärke erreicht hat, werden verschiedene Kultivierungsfähigkeiten auftauchen. Beim Einsetzen dieser Fähigkeiten muss man auch ganz vorsichtig sein. Wenn zum Beispiel das Himmelsauge geöffnet ist, geht es auch nicht, wenn man es nicht benutzt. Wenn man es nicht benutzt, schließt es sich leicht wieder. Doch soll man mit dem Himmelsauge auch wiederum nicht zu oft sehen. Wenn man es zu oft einsetzt, geht viel Energie verloren. Heißt das dann, dass man es nie benutzen soll? Natürlich nicht. Wozu kultiviert man sich, wenn man es nie benutzen darf? Die Frage ist, wann man es benutzen soll. Nur wenn man sich bis zu einer gewissen Ebene kultiviert hat und den Verlust kompensieren kann, darf man es benutzen. Wenn man beim Falun Gong eine gewisse Ebene erreicht hat, kann das Falun automatisch Energie umwandeln und ergänzen, egal wie viel Kultivierungsenergie man abgegeben hat. Die Kultivierungskraft der Praktizierenden wird automatisch auf dem bisherigen Stand gehalten. Sie wird nie weniger. Das ist eine Besonderheit des Falun Gong. Erst dann darf man Kultivierungsfähigkeiten benutzen.

4. DAS HIMMELSAUGE

4.1 ÖFFNEN DES HIMMELSAUGES

Der Hauptkanal des Himmelsauges liegt zwischen der Stirnmitte und der Nasenwurzel. Das Prinzip, nach dem ein gewöhnlicher Mensch Dinge mit den fleischlichen Augen sieht, gleicht dem Prinzip eines Fotoapparates. Entsprechend der Entfernung und der Lichtstärke werden die Glaskörper oder die Größe der Pupillen eingestellt, und so werden die Bilder durch die Sehnerven an die Zirbeldrüse, die sich im hinteren Teil des Gehirns befindet, weitergeleitet und in diesem Gebiet abgebildet. Bei der besonderen Kultivierungsfähigkeit der Durchleuchtung blickt die Zirbeldrüse durch das Himmelsauge direkt nach außen. Das Himmelsauge der normalen Menschen ist nicht geöffnet. Der Spalt an der Stelle des Hauptkanals ist sehr eng und dunkel, darin gibt es keine Essenz und er leuchtet nicht. Bei manchen ist der Hauptkanal verstopft, sodass sie damit nicht sehen können.

Beim Öffnen des Himmelsauges gibt es drei Faktoren, erstens wird der Kanal entweder durch eine Kraft von außen oder durch die eigene Kultivierung geöffnet. Die Form des Kanals eines jeden ist unterschiedlich, sie kann oval, rund, rhombusförmig oder dreieckig sein. Je besser man praktiziert hat, desto runder wird der Kanal. Zweitens gibt dir der Meister ein Auge; wenn du dich alleine kultivierst, musst du es selbst herauskultivieren. Drittens muss es an der Stelle des Himmelsauges essenzielles Qi geben.

Normalerweise sehen wir Dinge mit beiden Augen. Gerade diese zwei Augen blockieren den Kanal, der zu den anderen Räumen führt. Sie dienen als eine Barriere, sodass wir nur Dinge in diesem unserem materiellen Raum sehen können. Wenn das Himmelsauge geöffnet ist, weicht man beim Sehen auf diese zwei Augen aus. Auf sehr hohen Ebenen kann man das "Wahre Auge" herauskultivieren. Dann kann man mit dem "Wahren Auge" des Himmelsauges oder mit dem "Wahren Auge" an der Nasenwurzel sehen. Im buddhistischen System wird gesagt, jede Pore sei ein Auge und überall am Körper seien Augen. Im taoistischen System wird gesagt, jeder Akupunkturpunkt sei ein Auge. Der Hauptkanal liegt jedoch am Himmelsauge, und er muss zuerst geöffnet werden. Auf dem Kurs habe ich die Dinge zur Öffnung des Himmelsauges in jeden eingesetzt. Wegen der unterschiedlichen körperlichen Verfassung der Menschen sind die Effekte auch unterschiedlich. Manche sehen ein schwarzes Loch, das einem tiefen Brunnen ähnelt, denn der Kanal ihres Himmelsauges ist dunkel. Manche andere sehen einen weißen Kanal. Wenn man etwas vor sich sehen kann, bedeutet das, dass das Himmelsauge sich bald öffnen wird. Andere wiederum sehen etwas, was sich dreht, das sind eben genau die Dinge, die vom Meister eingesetzt worden sind und die dem Öffnen des Himmelsauges dienen. Wenn das Himmelsauge freigebohrt ist, kann man damit sehen. Bei manchen kann das Himmelsauge ein großes Auge sehen und sie halten das für das Auge des Buddhas. Doch in Wirklichkeit ist es ihr eigenes Auge. Normalerweise haben diese Menschen eine relativ gute angeborene Grundlage.

Unserer Statistik nach ist auf jedem Kurs das Himmelsauge von mehr als der Hälfte der Kursteilnehmer geöffnet. Nachdem das Himmelsauge geöffnet ist, gibt es ein Problem: Menschen mit einer schlechten Xinxing könnten damit leicht etwas Schlechtes tun. Um dieses Problem zu vermeiden, öffne ich dein Himmelsauge direkt auf der Stufe des Weisheitsauges, das heißt, auf einer hohen Stufe, sodass du Erscheinungen anderer Räume und Dinge, die beim Praktizieren auftauchen, direkt sehen kannst. Und so wirst du daran glauben und deine Zuversicht in das Praktizieren wird gestärkt. Bei denjenigen, die gerade mit dem Praktizieren anfangen, kann die Xinxing noch nicht über die der gewöhnlichen Menschen hinausgehen. Sobald sie etwas besitzen, was über die gewöhnlichen Menschen hinausgeht, werden sie damit leicht etwas Schlechtes tun. Ich nehme ein Beispiel und sage zum Scherz: Wenn du auf der Straße einen Lotteriestand siehst, werden von dir vielleicht alle ersten Preise gezogen. Ich sage es halt einmal so. Aber so etwas ist nicht erlaubt. Ein weiterer Grund dafür liegt darin, dass wir hier das Himmelsauge in großem Ausmaß öffnen. Angenommen, bei allen wird das Himmelsauge auf niedrigen Ebenen geöffnet, überlegt mal, wenn jeder den menschlichen Körper durchleuchten und Dinge durch eine Mauer hindurch sehen könnte, wäre das dann noch eine menschliche Gesellschaft? Der Zustand der Gesellschaft der gewöhnlichen Menschen würde ernsthaft gestört werden. Deshalb ist das nicht erlaubt, man darf es nicht machen. Außerdem hat das keinen Nutzen für die Praktizierenden, sondern fördert ihren Eigensinn. Deshalb öffne ich für dich das Himmelsauge nicht auf einer niedrigen Ebene, sondern direkt auf einer hohen Ebene.

4.2 STUFEN DES HIMMELSAUGES

Das Himmelsauge besitzt mehrere Stufen. Auf unterschiedlichen Stufen werden unterschiedliche Räume gesehen. Nach dem Buddhismus gibt es fünf Stufen: Fleischliches Auge, himmlisches Auge, Weisheitsauge, Fa-Auge und Buddha-Auge. Jede Ebene wird auch noch in Ober-, Mittel- und Unterstufe unterteilt. Unterhalb der Stufe des himmlischen Auges kann man nur diese unsere materielle Welt sehen. Die anderen Räume kann man nur oberhalb der Stufe des Weisheitsauges sehen. Manche besitzen die Kultivierungsfähigkeit der Durchleuchtung und sie können Dinge sehr genau sehen, sogar deutlicher als bei der Computertomographie. Aber was sie sehen, bleibt immer diese unsere materielle Welt und geht nicht über den Raum, in dem wir existieren, hinaus. Das gehört noch nicht zu den hohen Stufen des Himmelsauges.

Wie hoch die Stufe des Himmelsauge eines Menschen ist, wird von der Menge des essenziellen Qi dieses Menschen, von der Breite und der Helligkeit des Hauptkanals und dem Grad der Verstopfung bestimmt. Der entscheidende Faktor, ob das Himmelsauge vollständig geöffnet ist oder nicht, ist das essenzielle Qi im Inneren. Bei Kindern unter sechs Jahren ist es sehr leicht, das Himmelsauge zu öffnen. Ich brauche noch nicht einmal die Hand zu bewegen, schon durch ein Wort von mir wird ihr Himmelsauge geöffnet. Weil Kinder sehr wenig negative Einflüsse von dieser materiellen Welt erhalten und auch kaum Schlechtes getan haben, ist ihr angeborenes essenzielles Qi sehr gut erhalten geblieben. Bei Kindern über sechs Jahren wird es allmählich schwieriger, das Himmelsauge zu öffnen, weil sie mit zunehmendem Alter immer mehr von der Außenwelt beeinflusst werden. Vor allem die schlechte Erziehung nach der Geburt sowie die Zügellosigkeit und Verdorbenheit können zur Auflösung des essenziellen Qi führen. Irgendwann wird es sich vielleicht ganz auflösen. Diejenigen, deren essenzielles Qi ganz aufgelöst ist, können es durch das Praktizieren nach der Geburt allmählich wiedergewinnen, jedoch kostet das viel Zeit und viel Mühe. Deshalb ist das essenzielle Qi äußerst wertvoll.

Ich bin nicht dafür, das Himmelsauge des Menschen auf der Stufe des himmlischen Auges zu öffnen. Denn wenn die Kultivierungskraft der Praktizierenden noch nicht stark ist, ist die Energie, die beim Praktizieren gesammelt wird, geringer als die, die bei der Durchleuchtung verbraucht wird. Wenn viel essenzielles Qi verloren geht, kann sich das Himmelsauge wieder schließen. Wenn es sich wieder schließt, ist es schwer, es wieder zu öffnen. Deshalb öffne ich den Menschen das Himmelsauge normalerweise auf der Stufe des Weisheitsauges. Egal ob die Kultivierenden Dinge deutlich sehen können oder nicht, sie können Dinge anderer Räume sehen. Von angeborenen Bedingungen beeinflusst, können manche sehr deutlich sehen, während manche die Dinge einmal sehen und einmal nicht sehen können, wiederum manche sehen nicht deutlich. Allerdings lässt man dich zumindest Licht sehen. Das ist von Vorteil für die Entwicklung der Praktizierenden zu hohen Ebenen. Diejenigen, die nicht deutlich sehen, können es durch das Praktizieren nachholen.

Wer nicht genügend essenzielles Qi besitzt, sieht mit dem Himmelsauge schwarzweiße Bilder. Wer mehr essenzielles Qi hat, sieht mit dem Himmelsauge bunte Bilder und die Erscheinungen, die er sieht, sind auch deutlicher. Je mehr essenzielles Qi man hat, desto schärfer sieht man. Jedoch ist das bei einem jeden unterschiedlich. Bei manchen ist das Himmelsauge schon von Geburt an offen, während es bei manchen relativ fest verstopft ist. Das Bild, das beim Öffnen des Himmelsauges zu sehen ist, ist ein bisschen ähnlich dem Blühen einer Blume, wobei sich die Blätter Schicht um Schicht öffnen. Bei der Meditation im Lotussitz bemerkt man zunächst einen Lichtball im Himmelsauge. Am Anfang ist das Licht nicht sehr hell, später wird es rot. Bei manchen ist das Himmelsauge fest verschlossen, sodass die Reaktionen beim Öffnen sehr stark sein können. Sie werden spüren, dass sich die Muskeln an der Stelle des Hauptkanals und der Nasenwurzel straffen, so als ob sich das Fleisch dort zusammenzieht und nach innen bohrt. Die Schläfen und die Stirn ziehen und tun weh. All dies sind Reaktionen beim Öffnen des Himmelsauges. Diejenigen, deren Himmelsauge leicht zu öffnen ist, können gelegentlich gewisse Dinge sehen. Auf dem Kurs haben manche unabsichtlich meinen Fashen gesehen. Wenn sie aber mit Absicht hinschauen, verschwindet er wieder. Denn sie haben die Augen zum Sehen benutzt. Wenn man mit geschlossenen Augen etwas gesehen hat, soll man in diesem Zustand bleiben. Und so kann man allmählich deutlicher sehen. Wenn man es genau sehen will, benutzt man eigentlich schon die Augen und die Sehnerven, sodass man es nicht mehr sehen kann.

Auf unterschiedlichen Stufen des Himmelsauges werden unterschiedliche Räume gesehen. Die Menschen von manchen Forschungsinstituten verstehen diesen Grundsatz nicht, sodass bei einigen Überprüfungen des Qigong die erwarteten Effekte nicht erzielt werden konnten. Manchmal können sogar die entgegengesetzten Ergebnisse auftauchen. Bei einem Institut zum Beispiel wurde eine Methode zum Überprüfen der besonderen Fähigkeiten entworfen, in der die Qigong-Meister schauen sollten, was in einem hermetisch verschlossenen Kasten war. Weil sich das Himmelsauge der Qigong-Meister auf verschiedenen Stufen befand, waren ihre Antworten darauf auch unterschiedlich. Deshalb waren die Prüfer der Meinung, dass das Himmelsauge falsch und betrügerisch sei. Bei solchen Tests sind die Ergebnisse bei denjenigen, deren Himmelsauge sich auf niedrigen Stufen befindet, normalerweise gut. Denn ihr Himmelsauge wird nur auf der Stufe des himmlischen Auges geöffnet und ist nur dafür geeignet, Dinge im materiellen Raum zu beobachten. Deshalb meinen diejenigen, die vom Himmelsauge keine Ahnung haben, dass diese die höchsten Kultivierungsfähigkeiten haben. Alle Dinge, egal ob organisch oder anorganisch, zeigen sich in unterschiedlichen Räumen in unterschiedlichen Formen. Wenn zum Beispiel eine Tasse hergestellt wird, existiert schon zur gleichen Zeit ein intelligentes Lebewesen in einem anderen Raum. Bevor dieses intelligente Lebewesen dort existiert, kann es auch etwas anderes gewesen sein. Derjenige, dessen Himmelsauge sich auf der niedrigsten Stufe befindet, sieht die Tasse, während derjenige, dessen Himmelsauge sich auf einer höheren Stufe befindet, jenes intelligente Lebewesen im anderen Raum sieht. Und derjenige, dessen Himmelsauge auf einer noch höheren Stufe ist, sieht die materielle Form von jenem intelligenten Lebewesen.

4.3 FERNSICHT

Nachdem das Himmelsauge geöffnet ist, wird bei manchen die Fähigkeit der Fernsicht auftauchen, sie können Dinge sehen, die tausend Kilometer weit entfernt sind. Jeder hat einen Raum, den er selbst einnimmt. In diesem Raum ist er so groß wie ein Kosmos. In diesem bestimmten Raum von ihm hat er einen Spiegel vor der Stirn, der in unserem Raum nicht zu sehen ist. Jeder hat diesen Spiegel. Nur ist er bei den Nicht-Praktizierenden weggedreht. Bei den Praktizierenden dreht sich der Spiegel allmählich um. Nachdem er sich umgedreht hat, kann er das reflektieren, was der Mensch sehen will. In diesem bestimmten Raum ist der Mensch ziemlich groß, sein Körper ist sehr groß und der Spiegel ebenso. Alles, was der Mensch sehen will, kann der Spiegel reflektieren. Aber nun kann der Mensch die Bilder, die auf den Spiegel fallen, noch nicht sehen. Die Bilder müssen noch für einen Augenblick auf dem Spiegel bleiben. Der Spiegel schwenkt hin und her und zeigt dem Menschen einmal die reflektierten Dinge, dann dreht er sich wieder sehr schnell zurück. Er dreht sich sehr schnell wieder um. Ununterbrochen schwenkt er hin und her. Bei den Filmen werden 24 Bilder pro Sekunde abgespielt, um kontinuierliche Bewegungen zu erzeugen. Die Geschwindigkeit des Schwenkens des Spiegels ist noch höher, deshalb kann man kontinuierliche Bilder sehen, und zwar sehr deutlich. Das ist Fernsicht. So einfach ist das Prinzip der Fernsicht. Das alles gehört zu den Geheimnissen der Geheimnisse, ich aber habe es mit ein paar Worten ausgesprochen.

4.4 RÄUME

Wie wir sehen, sind die Räume sehr kompliziert. Wir Menschen kennen nur den Raum, in dem die heutige Menschheit existiert. Die anderen Räume lassen sich noch nicht erkennen. Von den anderen Räumen haben wir Qigong-Meister schon Dutzende gesehen, auch theoretisch lässt sich das erklären, jedoch kann das von der Wissenschaft noch nicht nachgewiesen werden. Obwohl man die Existenz mancher Dinge nicht anerkennt, spiegeln sie sich tatsächlich in unserem Raum wider. Es gibt zum Beispiel einen Ort, die Bermuda Inseln, den die Menschen "Teufelsdreieck" nennen. Einige Schiffe und Flugzeuge sind dort einfach verschwunden und erst nach ein paar Jahren wieder aufgetaucht. Niemand kann den Grund dafür erklären, niemand ist dabei über die Theorien des bisherigen menschlichen Denkens hinausgegangen. In Wirklichkeit ist dieser Ort ein Kanal zu einem anderen Raum. Er ist nicht so wie die Tür bei uns, die einen ordentlichen Türflügel hat. Er ist ein Zustand, in dem verschiedene Faktoren zusammentreffen. Wenn ein Schiff gerade in diesen Zustand gerät, in dem diese Tür geöffnet ist, wird es leicht hineinfahren. Ohne die Unterschiede zwischen den Räumen spüren zu können, sind die Menschen in einem Augenblick schon hineingefahren. Die Unterschiede zwischen dem Zeitraum dort und dem bei uns können nicht in Meilen angezeigt werden. Tausende von Kilometern sind hier nur ein kleiner Punkt. Die beiden Räume existieren zur gleichen Zeit und am gleichen Ort. Nachdem das Schiff für einen Moment dort schaukelte, kam es unerwartet wieder heraus. Aber auf dieser Welt waren inzwischen schon Dutzende von Jahren vergangen, weil die Zeit beider Räume unterschiedlich ist. In jedem Raum gibt es auch noch Einheitswelten, es ist so wie das Diagramm der Struktur der Moleküle, wo ein Ball durch einen Faden mit jedem anderen verbunden ist und wo überall Bälle und Fäden sind, es ist sehr kompliziert.

Vier Jahre vor dem Zweiten Weltkrieg führte ein britischer Pilot einen Auftrag aus. Unterwegs stieß er auf einen heftigen Sturm. Nach seinen Erinnerungen hatte er einen stillgelegten Flughafen gefunden. Sobald der Flughafen vor seinen Augen erschien, sah alles plötzlich ganz anders aus. Plötzlich war der Himmel wolkenlos. Es schien, als ob all das aus einer anderen Welt gekommen sei. Die Flugzeuge auf dem Flughafen waren gelb gestrichen. Die Menschen auf dem Boden waren sehr beschäftigt. Er wunderte sich sehr! Nach seiner Landung achtete niemand auf ihn, und auch der Kontrollturm hatte keinen Kontakt mit ihm aufgenommen. Er sah, dass das Wetter wieder schön war, und so wollte er wieder fort. Er flog wieder ab. Als er die gleiche Entfernung, aus der er vorhin den Flughafen gesehen hatte, zurückgelegt hatte, geriet er plötzlich wieder in den Sturm. Schließlich hat er es doch geschafft, zurückzufliegen. Das hat er sogar in seinem Flugprotokoll geschrieben. Sein Vorgesetzter glaubte ihm aber nicht. Vier Jahre später brach der Zweite Weltkrieg aus, und er wurde auf den stillgelegten Flughafen versetzt. Sofort fiel ihm auf, dass all dies mit den Bildern von vor vier Jahren in allen Einzelheiten übereinstimmte. Wir Qigong-Meister wissen alle, was los war. Er hat schon im voraus erlebt, was er vier Jahren später erleben sollte. Er ist im voraus zu jener Seite gegangen und hat eine Szene durchlebt. Die erste Szene hat noch nicht begonnen, und er hat sie schon im voraus durchgespielt, danach läuft es in der richtigen Reihenfolge ab.

5. HEILUNG DURCH QIGONG UND HEILUNG IM KRANKENHAUS

Theoretisch gesehen sind die Heilung durch Qigong und die im Krankenhaus völlig verschieden. Bei der Behandlung mit der westlichen Medizin werden die Methoden der Gesellschaft der gewöhnlichen Menschen verwendet. Obwohl es solche Mittel wie Laboruntersuchungen, Röntgenaufnahmen und so weiter gibt, können nur die Krankheitsherde, die sich in diesem Raum befinden, festgestellt werden, die Informationen aus anderen Räumen und die Ursachen der Krankheiten können aber nicht gesehen werden. Wenn die Krankheiten relativ leicht sind, können die Medikamente die Krankheitsursachen (der Virus, von dem in der westlichen Medizin geredet wird, und das Karma, von dem beim Qigong geredet wird) vernichten oder vertreiben. Bei den schweren Krankheiten kann die Kraft der Medikamente das Problem nicht mehr lösen. Wenn die Dosis höher ist, können die Menschen sie nicht mehr vertragen. Denn manche Krankheiten beschränken sich nicht auf den Bereich innerhalb des weltlichen Fa, manche Krankheiten sind sehr schlimm und gehen über den Bereich des weltlichen Fa hinaus, und so können sie im Krankenhaus nicht geheilt werden.

Die chinesische Medizin ist die traditionelle Medizin unseres Landes, sie ist untrennbar mit der Kultivierung des menschlichen Körpers und den besonderen Kultivierungsfähigkeiten verbunden. In den alten Zeiten wurde viel Wert auf die Kultivierung des menschlichen Körpers gelegt. Im konfuzianistischen, taoistischen oder buddhistischen System, und auch bei den Schülern, die Konfuzianismus lernten, wurde Wert auf die sitzende Meditation gelegt. Die Meditation im Sitzen wurde als eine Fähigkeit betrachtet. Obwohl man keine Übungen praktizierte, konnte man mit der Zeit Kultivierungsenergie und Kultivierungsfähigkeiten bekommen. Wie kommt es, dass man bei der Akupunktur in der chinesischen Medizin die Meridiane am menschlichen Körper so genau kennt? Warum sind die Akupunkturpunkte nicht horizontal, nicht sich kreuzend, sondern vertikal miteinander verbunden? Wie kommt es, dass sie so genau beschrieben wurden? Das, was die heutigen Menschen mit besonderen Fähigkeiten mit Hilfe ihrer Augen sehen, stimmt mit den Beschreibungen in der chinesischen Medizin überein. Das liegt daran, dass die berühmten Ärzte aus alten Zeiten normalerweise besondere Fähigkeiten besaßen. In Wirklichkeit waren die Ärzte aus der chinesischen Geschichte wie Li Shizhen, Sun Simiao, Bian Que und Hua Tuo alle große Qigong-Meister mit besonderen Fähigkeiten.

Bei der Überlieferung der chinesischen Medizin ist heute der Teil der Kultivierungsfähigkeiten verlorengegangen. Nur die Behandlungstechniken wurden beibehalten. Früher diagnostizierten die Ärzten der chinesischen Medizin mithilfe der Augen (einschließlich der besonderen Fähigkeiten). Später hat man die Methode des Pulsfühlens entwickelt. Wenn man die Behandlungstechniken der chinesischen Medizin durch besondere Fähigkeiten ergänzt, kann man sagen, dass die westliche Medizin auch in vielen Jahren die chinesische Medizin nicht einholen kann.

Bei der Heilung durch Qigong werden die Ursachen der Krankheiten von der Wurzel her beseitigt. Meiner Ansicht nach ist Krankheit eine Art "Karma", und Krankheit heilen bedeutet, dabei zu helfen, Karma zu beseitigen. Manche Qigong-Meister reden bei der Heilung davon, schwarzes Qi abzuleiten, Qi abzuleiten und Qi zu ergänzen. Auf äußerst niedrigen Ebenen haben sie zwar das schwarze Qi abgeleitet, aber sie kennen nicht die Grundursachen, weswegen es entstanden ist. So kommt das schwarze Qi wieder und der Kranke hat einen Rückfall. In Wirklichkeit ist es nicht das schwarze Qi, das den Kranken krank macht. Die Existenz des schwarzen Qi lässt ihn nur sich unwohl fühlen. Die Grundursache für seine Krankheit liegt darin, dass es in einem anderen Raum ein intelligentes Lebewesen gibt. Viele Qigong-Meister wissen das nicht. Weil dieses intelligente Lebewesen sehr stark ist, kann man es normalerweise nicht anrühren, man wagt es auch nicht anzurühren. Die Heilung beim Falun Gong richtet sich eben genau auf jenes intelligente Lebewesen, und die Grundursache für die Krankheit wird weggenommen. Darüber hinaus wird ein Schutzschirm an die Stelle der Krankheit eingesetzt, sodass die Krankheit nicht mehr eindringen kann.

Qigong kann Krankheiten heilen, aber es darf den Zustand der Gesellschaft der gewöhnlichen Menschen nicht stören. Bei einem Einsatz in großem Ausmaß würde der Zustand der Gesellschaft der gewöhnlichen Menschen gestört. Das ist nicht erlaubt, und die Effekte wären auch nicht gut. Ihr wisst, bevor manche Qigong-Meister Qigong-Ambulanzen, Qigong-Krankenhäuser oder -Rehakliniken einrichteten, war der Heileffekt vielleicht nicht schlecht gewesen, aber sobald sie eine Praxis zur Heilung eröffneten, ging es mit ihrem Heileffekt rasch bergab. Der Grund liegt eben darin, dass es nicht erlaubt ist, die Funktionen der Gesellschaft der gewöhnlichen Menschen durch das Fa, das über die gewöhnlichen Menschen hinausgeht, zu ersetzen. Wenn man so etwas tut, wird es mit Sicherheit so niedrig sein wie das Fa der Gesellschaft der gewöhnlichen Menschen.

Bei der Durchleuchtung des menschlichen Körpers mit besonderen Kultivierungsfähigkeiten kann der Körper Schicht um Schicht gesehen werden, so wie bei der Untersuchung einer Gewebeprobe, dabei kann das organische Gewebe und irgendein Teil des Körpers gesehen werden. Obwohl man es mithilfe der heutigen Computertomographie sehr deutlich sehen kann, ist das Gerät immerhin eine sehr zeitaufwendige Maschine, viele Filme werden benötigt, es ist sehr langsam und teuer. Es ist nicht so praktisch und exakt wie die besonderen Fähigkeiten. Ein Qigong-Meister braucht nur seine Augen einmal zu schließen und einmal hinzuschauen, schon kann er irgendeinen Teil des Kranken direkt und sehr deutlich sehen. Ist das nicht etwa Hightech? Das ist Hightech, und zwar noch höher als die Heutige. Dieses Niveau wurde aber schon in den alten Zeiten Chinas erreicht. Das ist ein Hightech, das schon in den alten Zeiten existierte. Hua Tuo hat gesehen, dass Cao Cao einen Tumor im Gehirn hatte und wollte ihn operieren. Cao Cao konnte das nicht annehmen und dachte, dass Hua Tuo ihn töten wollte. So sperrte er Hua Tuo ein. Zum Schluss starb Cao Cao wirklich an einem Gehirntumor. In der Geschichte hatten viele große Ärzte der chinesische Medizin besondere Fähigkeiten. Nur haben die Menschen in der modernen Gesellschaft die alten Traditionen vergessen, weil sie zu sehr nach den praktischen Dingen streben.

Bei der Kultivierung des Qigong auf hohen Ebenen wollen wir eben genau die traditionellen Dinge neu kennenlernen, sie in der Praxis weitergeben und weiterentwickeln, sodass sie von Neuem dem Wohle der menschlichen Gesellschaft dienen.

6. Buddhistisches Qigong und der Buddhismus

Sobald wir vom buddhistischen Qigong reden, denken viele an folgendes: Im buddhistischen System wird Buddha kultiviert - so denken sie an die Dinge im Buddhismus. Hier betone ich mit allem Ernst: Falun Gong ist ein buddhistisches Qigong, es ist ein großes Fa mit orthodoxer Überlieferung und hat nichts mit dem Buddhismus zu tun. Buddhistische Qigong sind buddhistische Qigong, Buddhismus ist Buddhismus. Obwohl das Ziel der Kultivierung bei den beiden dasselbe ist, gehen sie nicht denselben Weg und gehören nicht zu derselben Schule, und die Anforderungen sind auch unterschiedlich. Hier habe ich das Wort "Buddha" erwähnt, bei der Erklärung des Kultivierungsweges auf hohen Ebenen werde ich später noch darauf zurückkommen. Das Wort an sich trägt keine Färbung von Aberglauben. Sobald manche das Wort "Fo" (Buddha) hören, können sie es einfach nicht ertragen, sie sagen, dass du Aberglauben verbreitest. Das stimmt nicht. "Fo" stammt aus dem Sanskrit. Es ist von Indien hierher überliefert worden und wurde nach der Aussprache als "Fo Tuo" übersetzt. Die Menschen haben "Tuo" weggelassen, und so nennt man Buddha auf chinesisch "Fo". Ins Chinesisch übersetzt, bedeutet es "Erleuchteter", also ein erleuchteter Mensch.

6.1 BUDDHISTISCHES QIGONG

Zurzeit gibt es zwei Arten von buddhistischem Qigong, die in die Öffentlichkeit gebracht worden sind. Die eine leitet sich vom Buddhismus ab. In den Tausenden von Jahren ihrer Entwicklung sind viele hochkultivierte Mönche aufgetaucht. Als sie bei der Kultivierung sehr hohe Ebenen erreichten, haben ihre Meister sie einiges gelehrt, und so haben sie die wahre Überlieferung auf noch höheren Ebenen erhalten. Früher wurde so etwas im Buddhismus nur an einen einzigen Nachfolger weitergegeben. Nur wenn das Leben eines hochkultivierten Mönches dem Ende zuging, gab er es an einen Schüler weiter, damit der Schüler sich nach der buddhistischen Lehre kultivieren und sich ganzheitlich erhöhen konnte. Diese Art Qigong scheint mit dem Buddhismus eng verbunden zu sein. Später wurden die Mönche aus den Tempeln vertrieben, zum Beispiel während der "Kulturrevolution", und so haben diese Kultivierungswege beim Volk Eingang gefunden und haben sich dann im Volk weiterentwickelt.

Die andere Art gehört auch zum buddhistischen Qigong. Sie hat nie die Form des Buddhismus angenommen und wurde schon immer im Volk oder in den tiefen Bergen in der Stille kultiviert. Diese Kultivierungswege haben alle etwas Eigentümliches. Bei ihnen allen wird verlangt, einen guten Schüler auszuwählen, einen Menschen mit großer Tugend, der wirklich die Voraussetzungen für die Kultivierung zu hohen Ebenen besitzt. Ein solcher Mensch wird nur einmal in wer weiß wie vielen Jahren geboren. Diese Kultivierungswege können nicht in die Öffentlichkeit gebracht werden. Bei ihnen ist eine sehr hohe Xinxing erforderlich, und die Kultivierungsenergie wächst auch sehr schnell. Es gibt nicht wenige solcher Kultivierungswege. Im taoistischen System ist es genauso. Unter den taoistischen Kultivierungswegen gibt es die Kunlun-Richtung, Emei-Richtung und

Wudang-Richtung und so weiter. Jede Richtung wird auch noch in verschiedene Schulen unterteilt. Die Kultivierungsmethoden dieser Schulen unterscheiden sich alle sehr stark voneinander, sie dürfen nicht vermischt praktiziert werden.

6.2 DER BUDDHISMUS

Der Buddhismus beinhaltet eine Reihe von Dingen zur Kultivierung, die Shakyamuni vor mehr als zweitausend Jahren auf der Grundlage der damals vorhandenen indischen Kultivierung selbst bezeugt und erkannt hat. Sie kann in drei Worten zusammengefasst werden, nämlich "Gebot, Meditation, Weisheit". Gebot dient der Meditation. Im Buddhismus wird nicht vom Praktizieren der Übungen geredet, in Wirklichkeit werden sie praktiziert. Wenn man sich zur Meditation hinsetzt, praktiziert man sie schon. Denn wenn einer zur Ruhe kommt und sich konzentriert, sammelt sich die Energie des Kosmos in seinem Körper, sodass die Wirkung des Praktizierens erzielt wird. Das Gebot im Buddhismus bedeutet, dass man auf alle Begierden der gewöhnlichen Menschen verzichten und die Dinge, an denen die gewöhnlichen Menschen festhalten, aufgeben soll, sodass man den Zustand der Ruhe und der Tatenlosigkeit erreicht. Dann kann man sich in die Meditation versenken, während der Meditation erhöht man die Ebene ständig, dann kommt man zur Erleuchtung und zur Öffnung der Weisheit, erkennt den Kosmos und sieht dessen wahres Antlitz.

Als Shakyamuni mit der Verbreitung des Fa anfing, machte er jeden Tag nur drei Dinge: Fa erklären (hauptsächlich wurde das Fa des Arhats weitergegeben), seine Schüler hörten das Fa; danach mit dem Essnapf (Schale) in der Hand um Almosen bitten (betteln); die Dritte war, bei der Meditation im Lotussitz sich wirklich zu kultivieren. Nachdem Shakyamuni diese Welt verlassen hatte, wurden Brahmanismus und Buddhismus, nachdem sie einander erst bekämpft hatten, zu einer Religion - dem Hinduismus, vereint. Deshalb gibt es heute in Indien keinen Buddhismus mehr. Im späteren Entwicklungsprozess ist der Mahayana-Buddhismus entstanden. Er wurde in China eingeführt und wurde zum heutigen Buddhismus. Im Mahayana-Buddhismus wird nicht nur Shakyamuni als Urmeister verehrt, sondern es ist ein Mehr-Buddha-Glaube geworden, es werden viele Tathagatas sowie Buddha Amitabha und Bhaisajyaguru und so weiter verehrt. Es sind auch mehr Gebote geworden, und das Ziel der Kultivierung wurde auch höher. Damals hat Shakyamuni das Fa der Bodhisattwa an einige wenige Schüler weitergegeben, später wurde es systematisiert und daraus hat sich der heutige Mahayana-Buddhismus entwickelt, bei dem man sich zur Ebene der Bodhisattwa kultiviert. Heute werden in Südostasien die Traditionen des Hinayana-Buddhismus weiterhin beibehalten, wobei für die rituellen Zeremonien Kultivierungsfähigkeiten benutzt werden. Während des Entwicklungsprozesses des Buddhismus wurde eine Richtung in Tibet eingeführt und tibetischer Tantrismus genannt; eine andere Richtung wurde über die Xinjiang-Region ins Han-Gebiet eingeführt und Tang-Tantrismus genannt (nach der Vernichtung des Buddhismus unter der Herrschaft Huichang war sie verschwunden); die Dritte ist in Indien zur Yoga-Schule geworden.

Im Buddhismus wird nicht vom Praktizieren der Übungen geredet, es wird auch kein Qigong praktiziert. Damit sollen die traditionellen Kultivierungsmethoden des Buddhismus bewahrt werden. Das ist auch ein wichtiger Grund dafür, warum der Buddhismus über mehr als zweitausend Jahre hindurch ohne Verfall überliefert werden konnte. Eben weil er das, was von außen kommt, nicht aufnimmt, kann er seine eigenen Traditionen leicht beibehalten. Die Kultivierungsmethoden im Buddhismus sind auch nicht gleich. Der Schwerpunkt des Hinayana-Buddhismus liegt in der Selbsterlösung und der eigenen Kultivierung, während der Mahayana-Buddhismus sich schon so weit entwickelt hat, sich selbst, andere Menschen und alle Wesen umfassend zu erlösen.

7. ORTHODOXES FA UND HÄRETISCHES FA

7.1 NEBENSCHULEN UND LINKE WEGE

Nebenschulen und linke Wege werden auch sonderbare Kultivierungswege genannt. Bevor es die Religionen gab, existierten schon verschiedene Qigong-Schulen. Viele Kultivierungswege, die sich außerhalb der Religionen befanden, werden im Volk weitergegeben. Die meisten von ihnen sind nicht zu einem vollständigen Kultivierungssystem geworden, bei ihnen gibt es keine vollständige Theorie, während es bei den sonderbaren Kultivierungswegen systematische und vollständige Methoden zur speziellen und intensiven Kultivierung gibt. Sie werden auch im Volk überliefert. Solche Kultivierungswege werden normalerweise Nebenschulen und linke Wege genannt. Warum werden sie so genannt? Von den Worten her bedeutet "Nebenschule" eine sonderbare Tür öffnen, und "linke Wege" bedeutet ungeschickt. Die Menschen halten die Kultivierungsmethoden des buddhistischen und des taoistischen Systems für orthodoxes Fa, und alle anderen Kultivierungswege für Nebenschulen und linke Wege oder für häretisches Fa. Eigentlich ist das nicht so. Bei jeder Generation wurden Nebenschulen und linke Wege im Geheimen kultiviert und an einen einzigen Nachfolger weitergegeben. Sie dürfen nicht in der Öffentlichkeit gezeigt werden. Wenn sie offen verbreitet wären, könnten die Menschen sie nicht so gut verstehen. Die von den Nebenschulen und linken Wegen sagen auch selbst, dass ihre Kultivierungswege weder buddhistisch noch taoistisch sind. Bei ihren Kultivierungsmethoden werden strenge Anforderungen an die Xinxing gestellt. Es wird nach den kosmischen Eigenschaften kultiviert und man spricht davon, Wohltaten zu begehen und die Xinxing zu bewahren. Die hochkultivierten Menschen dort haben alle außerordentliche Fähigkeiten, manche eigentümliche Fähigkeiten sind auch sehr bewundernswert. Ich bin drei hochkultivierten Menschen aus den sonderbaren Schulen begegnet. Sie haben mir etwas beigebracht, was weder im buddhistischen noch im taoistischen System zu finden ist. So etwas ist relativ schwer zu kultivieren, die Kultivierungsenergie, die durch das Praktizieren entsteht, ist auch sehr eigentümlich. Im Gegensatz dazu fehlen bei manchen sogenannten buddhistischen oder taoistischen Kultivierungswegen, die heute verbreitet sind, die strengen Anforderungen an die Xinxing, und so kann man sich dort nicht hoch kultivieren. Deshalb soll man die Kultivierungswege verschiedener Schulen von beiden Seiten betrachten.

7.2 KAMPFKUNST-QIGONG

Kampfkunst-Qigong ist über einen sehr langen geschichtlichen Zeitraum hinweg entstanden. Es beinhaltet ein vollständiges theoretisches System und eine vollständige Kultivierungsmethode. Es ist zu einem selbständigen System geworden. Aber strenggenommen ist Kampfkunst-Qigong nur eine Verkörperung der Kultivierungsfähigkeiten, die bei den Wegen der inneren Kultivierung auf niedrigsten Ebenen auftauchen. Alle Kultivierungsfähigkeiten, die bei der Kultivierung der Kampfkunst auftauchen, werden bei der inneren Kultivierung auftauchen. Auch die Kultivierung des Kampfkunst-Qigong fängt mit dem Üben des Qi an. Beim Schlagen auf einen Stein zum Beispiel muss man anfangs die Arme schwingen, um das Qi zu bewegen. Mit der Zeit wird das Qi eine qualitative Änderung erfahren und es werden Energiemassen entstehen, die wie eine Art Licht aussehen. Wenn ein solches Niveau erreicht ist, wird die Kultivierungsenergie wirken. Denn die Kultivierungsenergie ist eine Substanz auf hohen Ebenen mit Intelligenz, sie wird vom Denken des Gehirns kontrolliert und existiert in einem anderen Raum. Beim Schlagen braucht man das Qi nicht mehr zu bewegen. Sobald man daran denkt, entfaltet sich die Kultivierungsenergie. Während der Kultivierung wird die Kultivierungsenergie immer stärker, ihre Körnchen immer feiner und die Energiemenge immer größer. Dann werden die Fähigkeiten wie "Eisensand-Hand" und "Zinnober-Hand" auftauchen. Im Fernsehen, Kino und in den Zeitschriften ist zu sehen, dass in den letzten Jahren auch solche Fähigkeiten wie "Schutzschirm der goldenen Glocke" und "Hemd aus eisernem Stoff" aufgetaucht sind. Diese entstehen dadurch, dass zugleich mit der inneren Kultivierung die Kampfkunst kultiviert wird, man kultiviert sich sowohl innerlich als auch äußerlich. Bei der inneren Kultivierung muss man Wert auf Tugend legen und die Xinxing kultivieren. Theoretisch gesehen, wenn die Fähigkeiten eines Menschen ein gewisses Niveau erreicht haben, geben sie die Kultivierungsenergie vom Inneren ihres Körpers her ab; sie werden nach außen abgegeben. Weil ihre Dichte groß ist, bildet sich ein Schutzschirm. Der größte Unterschied zwischen Kampfkunst-Qigong und unserer inneren Kultivierung liegt theoretisch darin, dass Kampfkunst in heftigen Bewegungen praktiziert wird und man dabei nicht zur Ruhe kommt. Da man nicht zur Ruhe kommt, fließt das Qi unter die Haut und durch die Muskeln, es fließt nicht ins Elixierfeld. Deshalb wird der Körper nicht kultiviert, der Körper kann auch nicht kultiviert werden.

7.3 RÜCKWÄRTSKULTIVIERUNG UND DAS BORGEN VON KULTIVIERUNGSENERGIE

Manche haben kein Qigong praktiziert, haben aber plötzlich über Nacht Kultivierungsenergie bekommen, und das sehr heftig. Sie können auch noch Kranke behandeln. Die Menschen nennen sie Qigong-Meister, und sie lehren auch die anderen; manche haben noch nicht einmal einen Kultivierungsweg gelernt oder haben nur einige Bewegungen gelernt. Sie haben diese Bewegungen ein bisschen verändert und bringen sie dann so den anderen bei. Diese Menschen können nicht als Qigong-Meister betrachtet werden. Sie haben auch nichts, was sie anderen weitergeben können.

Das, was sie den anderen beibringen, kann wirklich nicht zur Kultivierung zu hohen Ebenen dienen, höchstens zur Krankheitsbeseitigung und Gesundheitserhaltung. Woher kommt diese Art Kultivierungsenergie? Zuerst will ich über die Rückwärtskultivierung sprechen. Die sogenannte Rückwärtskultivierung bezieht sich auf die sehr guten Menschen mit einer äußerst hohen Xinxing, sie sind normalerweise schon alt, über 50 Jahre alt. Die Zeit reicht für sie nicht aus, sich von Anfang an zu kultivieren. Es ist nicht so leicht, einen hochkultivierten Meister der Doppelkultivierung von Körper und Geist zu treffen. Sobald dieser Mensch praktizieren will, gibt ihm sein Meister auf der Grundlage seiner Xinxing sehr hohe Energie. Er kultiviert sich von oben nach unten auf eine umgekehrte Weise, und so geht es viel schneller. Der Meister wandelt in der Höhe Energie um und lässt ihm ununterbrochen Energie von außen zukommen. Besonders, wenn er Kranke behandelt oder Kurse gibt, wird die Energie, die der Meister ihm gibt, wie mit Leitungen übertragen und zu ihm befördert. Manche dieser Menschen wissen selbst auch nicht, woher die Energie kommt. Das ist die Rückwärtskultivierung.

Eine andere Form ist das Borgen von Kultivierungsenergie. Dabei gibt es keine Altersbeschränkung. Neben dem Hauptbewusstsein existiert beim Menschen noch das Nebenbewusstsein. Normalerweise ist die Ebene des Nebenbewusstseins höher als die des Hauptbewusstseins. Die Ebene des Nebenbewusstseins mancher Menschen ist sehr hoch, sodass es Kontakt mit Erleuchteten aufnehmen kann. Wenn diese Menschen praktizieren wollen, nimmt es sofort Kontakt mit großen Erleuchteten auf, um Kultivierungsenergie zu borgen, denn auch das Nebenbewusstsein will seine Ebene erhöhen. Nachdem die Kultivierungsenergie geborgt wurde, bekommen auch diese Menschen über Nacht Kultivierungsenergie. Danach können sie auch Kranke behandeln und von ihren Schmerzen befreien. Normalerweise verwenden sie dabei die Methode, eine Versammlung zu veranstalten. Sie können auch Energie an einzelne Menschen abgeben oder ihnen einige Techniken beibringen.

Normalerweise sind solche Menschen zu Anfang sehr gut. Nachdem sie Kultivierungsenergie bekommen haben, werden sie berühmt; Ruhm und Reichtum, beides haben sie gewonnen. Ruhm und Reichtum nehmen einen verhältnismäßig großen Teil ihres Denkens ein und stehen an höherer Stelle als das Praktizieren des Kultivierungsweges. Dann fällt ihre Kultivierungsenergie herunter, die Kultivierungsenergie wird immer geringer, zum Schluss haben sie nichts mehr.

7.4 KOSMISCHE SPRACHEN

Manche können plötzlich eine Sprache sprechen, und das ganz fließend. Aber es ist keine Sprache der menschlichen Gesellschaft. Was ist es? Eine kosmische Sprache. Die sogenannten kosmischen Sprachen sind lediglich die Sprachen der Lebewesen, deren Ebene nicht sehr hoch ist. Heute gibt es unter den Qigong-Übenden in China nicht wenige Menschen, bei denen so etwas vorkommt, manche von ihnen können sogar verschiedene Sprachen sprechen. Natürlich, die Sprachen unserer menschlichen Gesellschaft sind auch sehr kompliziert; es gibt mehr als tausend Sprachen. Zählen die kosmischen Sprachen zu den Kultivierungsfähigkeiten oder nicht? Ich sage nein. Es sind weder die Kultivierungsfähigkeiten, die man an sich hat, noch die, die man von außen bekommt. Die kosmischen Sprachen werden von einer Art Lebewesen, das von außen kommt, gesteuert. Die Ebene, von der diese Lebewesen stammen, ist etwas höher, zumindest etwas höher als die unserer Menschheit. Es sind diese Lebewesen, die sprechen. Diejenigen, die kosmische Sprachen sprechen, dienen nur als Sprachrohr. Die meisten dieser Menschen wissen selbst auch nicht, wovon sie denn reden. Nur diejenigen mit der Kultivierungsfähigkeit "Gedanken lesen" können die ungefähre Bedeutung erfahren. Denn die kosmischen Sprachen sind keine Kultivierungsfähigkeiten; nachdem manche eine kosmische Sprache gesprochen haben, sind sie von sich selbst begeistert. Sie sind sehr eingebildet und halten die kosmischen Sprachen für Kultivierungsfähigkeiten. In Wirklichkeit können diejenigen, deren Himmelsauge sich auf hohen Ebenen befindet, mit Sicherheit sehen, dass es ein Lebewesen schräg über dem Sprecher gibt und dass es durch den Mund des Sprechers spricht.

Es bringt dem Sprecher kosmische Sprachen bei und gibt ihm gleichzeitig auch etwas Kultivierungsenergie. Aber von da an steht dieser Mensch unter seiner Kontrolle. Das ist dann kein orthodoxes Fa. Du siehst zwar, dass sich dieses Lebewesen in einem etwas höheren Raum befindet, aber es hat sich nicht mit dem orthodoxen Fa kultiviert. Deshalb weiß es auch nicht, wie es die Kultivierenden lehren kann, Krankheiten zu beseitigen und Gesundheit zu erhalten. So benutzt es die Methode, Energie durch Sprechen abzugeben. Weil diese Energie eine streuende Energie ist mit sehr schwacher Kraft, kann sie auf manche leichte Krankheiten eine gewisse Wirkung ausüben. Gegenüber den schweren Krankheiten ist sie jedoch machtlos. Im Buddhismus wird gesagt: Die Menschen im Himmel haben weder Leiden zu ertragen noch Konflikte miteinander; sie können sich nicht kultivieren und haben keine Gelegenheit, sich zu stählen, so können sie ihre Ebene nicht erhöhen. Deshalb haben sich diese Lebewesen eine Methode ausgedacht, um den Menschen bei der Krankheitsbeseitigung und Gesundheitserhaltung zu helfen, damit sie sich ein bisschen erhöhen können. Das sind die kosmischen Sprachen. Die kosmischen Sprachen sind weder Kultivierungsfähigkeiten noch Qigong.

7.5 BESESSENHEIT

Unter den Besessenheiten ist die Besessenheit durch niedrige Geister besonders schädlich. Das alles wird durch die Kultivierung des häretischen Fa herbeigeführt. Das schadet den Menschen sehr. Die Folgen für diejenigen, an die sich die Besessenheit anheftet, sind ganz furchtbar. Manch einer hat kaum Qigong geübt, und schon will er immer nur Kranke behandeln und dadurch reich werden. Dafür zerbricht er sich den Kopf. Eigentlich ist dieser Mensch sehr gut, oder er hat schon einen Meister, der sich um ihn kümmert. Aber wenn er immer daran denkt, Kranke zu behandeln und dadurch zu Reichtum zu kommen, ist es sehr schlimm, und er wird Besessenheit herbeiführen. Sie befindet sich nicht in unserem materiellen Raum, existiert aber tatsächlich.

Plötzlich hat dieser Qigong-Übende das Gefühl, dass sein Himmelsauge geöffnet ist und er Kultivierungsenergie bekommen hat. In Wirklichkeit steuert die Besessenheit sein Gehirn. Die Bilder, die die Besessenheit gesehen hat, werden in seinem Gehirn widergespiegelt, sodass dieser das Gefühl hat, dass sein Himmelsauge geöffnet ist. In Wirklichkeit ist es überhaupt nicht geöffnet. Warum will ihm die Besessenheit Kultivierungsenergie geben? Warum will sie ihm helfen? Weil es in diesem unserem Kosmos Tieren nicht erlaubt ist, sich erfolgreich zu kultivieren; die Tiere legen keinen Wert auf die Xinxing, sie können sich nicht erhöhen, so ist es ihnen nicht erlaubt, das orthodoxe Fa zu erhalten. Deshalb will das Tier sich an den Körper eines Menschen heften, um die Essenz des menschlichen Körpers zu bekommen. Im Kosmos gibt es noch einen weiteren Grundsatz, der heißt: Ohne Verlust kein Gewinn. So befriedigt die Besessenheit dein Verlangen nach Ruhm und persönlichen Vorteilen, sie lässt dich reich werden und Ruhm erlangen. Sie hilft dir aber nicht umsonst. Sie will auch etwas bekommen, sie will die Essenz deines Körpers haben. Wenn sie dich verlässt, hast du nichts mehr, du bist dann sehr schwach oder wirst dahinvegetieren! Das wird dadurch herbeigeführt, dass die Xinxing nicht aufrichtig ist. Ein Orthodoxes besiegt hundert Häretische. Wenn dein Herz sehr aufrichtig ist, wird kein Häretisches herbeigeführt. Das heißt, du sollst offen und aufrichtig ein Praktizierender sein und kein wirres Zeug haben wollen, du sollst nur das orthodoxe Fa kultivieren.

7.6 Auch das Üben orthodoxer Kultivierungswege kann zum Häretischen führen

Manche lernen zwar einen orthodoxen Kultivierungsweg, aber weil sie dabei keine strengen Anforderungen an sich selbst stellen, keinen Wert auf die Xinxing legen und beim Üben an etwas Schlechtes denken, üben sie unbewusst häretisches Fa. Wenn jemand zum Beispiel Pfahlstellung oder Meditation im Lotussitz übt, ist dieser Mensch zwar beim Üben, aber er denkt eigentlich an Geld, Ruhm und persönliche Vorteile. Er denkt: Jemand ist nicht gut zu mir; wenn ich Kultivierungsfähigkeiten bekomme, kann ich ihn bestrafen. Oder er denkt an diese oder jene Kultivierungsfähigkeit und so weiter, so hat er etwas Schlechtes in seine Kultivierungsenergie eingemischt, in Wirklichkeit übt er schon häretisches Fa. Das ist sehr gefährlich. So kann er etwas Schlechtes herbeiführen, wie zum Beispiel die niedrigen Geister. Vielleicht weiß er selbst auch nicht, dass er so etwas herbeigeführt hat. Denn sein Eigensinn ist zu stark, es geht nicht, das Tao mit einem strebenden Herzen zu lernen. Wenn sein Herz nicht aufrichtig ist, kann ihn sein Meister auch nicht beschützen. Deshalb sollen die Praktizierenden die Xinxing unbedingt gut bewahren, ein aufrichtiges Herz haben und nach nichts streben, sonst könnte es Probleme geben.

KAPITEL 2

FALUN GONG

Falun Gong stammt aus dem Falun Xiulian Dafa - der großen Methode der Kultivierung des Falun aus dem buddhistischen System, es ist eine spezielle Methode der Qigong-Kultivierung im buddhistischen System. Falun Gong hat aber seine Besonderheiten, durch die es sich von den gewöhnlichen Kultivierungsmethoden des buddhistischen Systems unterscheidet. Bei diesem Kultivierungsweg wurde von den Kultivierenden eine äußerst hohe Xinxing und eine große Grundbefähigung verlangt, es war eine spezielle intensive Kultivierung, die für diese Menschen gedacht war. Damit sich mehr Praktizierende erhöhen können und um den Wunsch derjenigen, die zur Kultivierung entschlossen sind, zu erfüllen, habe ich diesen Kultivierungsweg zu einer Kultivierungsmethode, die für die Popularisierung geeignet ist, zusammengefasst und in die Öffentlichkeit gebracht. Trotzdem geht diese Kultivierungsmethode schon sehr weit über die Dinge und die Ebenen der gewöhnlichen Kultivierungswege hinaus.

1. WIRKUNG DES FALUN

Das Falun des Falun Gong besitzt die gleichen Eigenschaften wie der Kosmos, es ist der Kosmos in Miniatur. Falun Gong-Kultivierende können nicht nur die Kultivierungsfähigkeiten und die Kultivierungskraft schnell entwickeln, sondern sie können durch Praktizieren auch innerhalb einer sehr kurzen Zeit ein unvergleichlich mächtiges Falun bekommen. Nachdem das Falun gebildet worden ist, existiert es als eine Art intelligentes Wesen. Es dreht sich automatisch und ständig am Unterbauch der Praktizierenden. Ununterbrochen sammelt es Energie aus dem Kosmos und wandelt sie um. Zum Schluss wandelt es sie im Benti der Praktizierenden in Kultivierungsenergie um. Das hat den Effekt, dass das Fa den Menschen veredelt. Mit anderen Worten: Obwohl die Menschen nicht zu jeder Zeit die Übungen praktizieren, veredelt das Falun sie ununterbrochen. Wenn sich das

Falun nach innen dreht, dient es zur Selbsterlösung, es besitzt die Funktionen, den Körper zu stärken und gesund zu machen, die Intelligenz und Weisheit aufzuschließen und den Praktizierenden vor Abweichungen zu schützen. Außerdem kann es die Kultivierenden vor Störungen von Menschen mit einer schlechten Xinxing schützen. Wenn sich das Falun nach außen dreht, dient es zur Erlösung anderer, es kann Krankheiten anderer heilen, das Häretische vertreiben und alle unrichtigen Zustände verändern. Das Falun dreht sich ununterbrochen am Unterbauch, neunmal im Uhrzeigersinn und neunmal gegen den Uhrzeigersinn. Beim Drehen im Uhrzeigersinn nimmt es sehr intensiv Energie in großer Menge aus dem Kosmos auf. Mit dem Wachsen der Kultivierungskraft wird seine Drehkraft immer stärker, was durch das künstliche "Packen und Gießen des Qi durch den Scheitel" nicht zu erreichen ist; beim Drehen gegen den Uhrzeigersinn gibt es Energie ab, erlöst umfassend alle Wesen und korrigiert die unrichtigen Zustände. Alle, die sich in der Nähe der Praktizierenden befinden, werden davon profitieren. Unter allen Qigong, die in China verbreitet worden sind, ist Falun Gong der einzige Kultivierungsweg, bei dem das Fa den Menschen veredeln kann.

Das Falun ist am wertvollsten, auch gegen tausend Goldstücke ist es nicht einzutauschen. Als mein Meister mir das Falun weitergab, sagte er zu mir: Dieses Falun soll an niemanden weitergegeben werden. Auch diejenigen, die sich schon tausend Jahre lang kultiviert haben, wollen es haben, aber sie können es nicht haben. In unserer Schule wird das Falun erst nach einer unermesslich langen Zeit an einen einzigen Nachfolger weitergegeben. Das ist anders als bei den Schulen, bei denen es nach Dutzenden von Jahren an einen Nachfolger weitergegeben wird, deshalb ist das Falun äußerst wertvoll. Jetzt haben wir es zwar in die Öffentlichkeit gebracht und umgewandelt, sodass es nicht mehr so mächtig ist wie früher, aber dennoch bleibt es äußerst wertvoll. Wenn ein Kultivierender das Falun bekommt, bedeutet das, dass er die Hälfte der Kultivierung schon hinter sich hat. Was übrigbleibt, ist nur die Xinxing zu erhöhen. Solange du deine Xinxing erhöhst, erwartet dich später eine sehr hohe Ebene. Natürlich, wenn einer keine Schicksalsverbindung hat, wird es bei seiner zukünftigen Kultivierung nicht mehr gehen, das Falun wird dann auch nicht mehr vorhanden sein.

Falun Gong ist ein Kultivierungsweg des buddhistischen Systems, jedoch geht es ganz und gar über den Bereich des buddhistischen Systems hinaus; der gesamte Kosmos wird veredelt. Früher wurden bei der Kultivierung im buddhistischen System nur die Grundsätze des buddhistischen Systems erklärt, während bei der Kultivierung des taoistischen Systems nur die

Grundsätze des taoistischen Systems erklärt wurden. Keiner von den beiden hat den Kosmos von Grund auf gründlich erklärt. So wie ein Mensch besitzt der Kosmos außer der Zusammensetzung der Materie noch Eigenschaften, die in drei Wörtern "Zhen (Wahrhaftigkeit, das Wahre), Shan (Barmherzigkeit, Gutherzigkeit) und Ren (Nachsicht, Duldsamkeit)" zusammengefasst werden können. Bei der Kultivierung im taoistischen System wird der Schwerpunkt darauf gelegt, "Zhen" zu erkennen; es ist gefordert, Wahres zu sagen, Wahres zu tun, zum Ursprung und zum Wahren zurückzukehren, und schließlich wird man zu einem "wahren Menschen". Bei der Kultivierung des buddhistischen Systems wird der Schwerpunkt auf "Shan" gelegt; große Barmherzigkeit wird entstehen, sodass man alle Wesen umfassend erlösen will. In unserer Schule werden "Zhen, Shan und Ren" gleichzeitig kultiviert, man kultiviert sich direkt entsprechend den grundlegenden Eigenschaften des Kosmos, zum Schluss wird die Angleichung an den Kosmos erreicht.

Falun Gong ist ein Doppelkultivierungsweg von Körper und Geist. Es ist erforderlich, dass man, nachdem die Kultivierungskraft und die Xinxing eine gewisse Ebene erreicht haben, schon in der menschlichen Welt den Zustand der Erleuchtung (der Öffnung der Kultivierungsenergie) erreicht und den unvergänglichen Körper erfolgreich kultiviert. Im Großen und Ganzen wird Falun Gong in mehrere Stufen wie weltliches Fa und überweltliches Fa und so weiter unterteilt. Ich hoffe, dass sich diejenigen, die dazu entschlossen sind, fleißig kultivieren, ihre Xinxing ständig erhöhen und zur Vollendung kommen.

2. DIE FORM UND DAS GEBILDE DES FALUN

Das Falun des Falun Gong ist ein intelligenter, sich drehender materieller Körper mit hoher Energie. Es dreht sich nach den Gesetzmäßigkeiten der Bewegung des gesamten Kosmos und der Himmelssysteme. In gewissem Sinne kann man sagen, dass das Falun eine Miniatur des Kosmos ist.

In der Mitte des Falun befindet sich das Swastika aus dem buddhistischen System. (Auf Sanskrit heißt es Srivatsa und bedeutet "wo sich das Glück sammelt"). Das ist der Kern des Falun, seine Farbe ist fast goldgelb, seine Grundfarbe ist leuchtend rot. Die Grundfarbe des Außenkreises ist orange gelb. Vier taoistische Taiji und vier buddhistische Falun sind abwechselt in acht Richtungen angeordnet. Die Taiji mit Rot und Schwarz gehören zu den Taoisten, und die mit Rot und Blau gehören zum uranfänglichen großen Tao. Die vier kleinen Falun sind auch goldgelb, die Grundfarbe des Falun kann sich verändern, Rot, Orange, Gelb, Grün, Indigoblau, Blau, Violett, sie verändert sich periodisch. Die Farben sind sehr schön (siehe Deckbild). Die Farbe des Swastikas in der Mitte und die Farben der Taiji bleiben unverändert. Das große Falun, die kleinen Falun und die Swastiken drehen sich alle um ihre eigene Achse. Das Falun ist im Kosmos verwurzelt. Der Kosmos dreht sich, die Sternensysteme drehen sich, deshalb dreht sich auch das Falun. Diejenigen, deren Himmelsauge auf niedrigen Ebenen geöffnet ist, können sehen, dass sich das Falun wie ein Ventilator dreht; diejenigen, deren Himmelsauge auf hohen Ebenen geöffnet ist, können das Gesamtbild des Falun sehen. Es sieht sehr schön und farbenprächtig aus, das kann die Praktizierenden dazu veranlassen, mutiger zu sein und beständiger voranzukommen.

3. Besonderheiten der Kultivierung des Falun Gong

3.1 Das Fa veredelt den Menschen

Diejenigen, die Falun Gong lernen, können nicht nur die Kultivierungskraft und die Kultivierungsfähigkeiten sehr schnell entwickeln, sondern auch eine Falun herauspraktizieren. Das Falun lässt sich in einer sehr kurzen Zeit bilden. Sobald es gebildet ist, hat es enorme Kraft. Es kann den Praktizierenden vor Abweichungen schützen, außerdem kann es den Praktizierenden vor Störungen von Menschen mit einer schlechten Xinxing schützen. Auch von der Theorie her ist Falun Gong ganz anders als die traditionellen Kultivierungsmethoden. Nachdem das Falun gebildet ist, wird es sich ununterbrochen drehen. Es existiert in Form eines intelligenten Lebewesens. Es speichert ständig Energie am Unterbauch des Praktizierenden. Durch die Drehung sammelt das Falun automatisch Energie aus dem Kosmos. Gerade weil es sich ununterbrochen dreht, wird erreicht, dass das Fa den Menschen veredelt. Das heißt, der Mensch praktiziert nicht jederzeit die Übungen, aber das Falun veredelt den Menschen ununterbrochen. Man weiß, ein gewöhnlicher Mensch muss tagsüber arbeiten und sich nachts ausruhen. Die Zeit für die Übungen ist sehr begrenzt. Das Ziel, vierundzwanzig Stunden lang ununterbrochen Übungen zu praktizieren, kann nicht dadurch erreicht werden, dass man sozusagen einfach nur jederzeit an die Übungen denkt oder wenn man irgendwelche Methoden verwendet. Auch mit anderen Methoden ist es schwer, das Ziel zu erreichen, wirklich vierundzwanzig Stunden lang Übungen zu praktizieren. Das Falun dreht sich aber ständig und wirbelt große Mengen von Qi (die Existenzform der Energie in der Anfangsphase) aus dem Kosmos in das Innere. Tag und Nacht speichert das Falun das hereingewirbelte Qi in alle Richtungen des Falun und wandelt es in höhere Substanzen um, zum Schluss wird diese Energie am Körper der Kultivierenden in "Kultivierungsenergie" umgewandelt. Das ist "Das Fa veredelt die Menschen". Die Kultivierung des Falun Gong ist ganz anders als die Kultivierungstheorien über Qigong verschiedener Schulen, bei denen Elixiere gebildet werden.

Die größte Besonderheit der Kultivierung des Falun Gong liegt darin, statt Elixiere zu bilden, das Falun zu kultivieren. Bei allen Kultivierungswegen, die heute in der Gesellschaft verbreitet werden - ganz gleich, aus welchen Systemen oder aus welchen Schulen, ob sie buddhistisch sind, taoistisch sind oder im Volk überliefert werden oder ob sie zu Nebenschulen gehören -, es wird der Weg des Elixiers gegangen. Das nennt man Qigong des Weges des Elixiers. Bei der Kultivierung gehen Mönche, Nonnen und Taoisten alle den Weg des Elixiers. Bei der Einäscherung nach ihrem Tod bleiben die Sarira übrig. Mit den heutigen wissenschaftlichen Geräten kann man nicht erkennen, aus welchen Substanzen sie zusammengesetzt sind. Sie sind sehr hart und sehen sehr schön aus. In Wirklichkeit sind es hochenergetische Substanzen, die aus anderen Räumen gesammelt worden sind; es sind nicht Dinge aus diesem unserem Raum, es ist eben genau jenes Elixier. Beim Qigong des Weges des Elixiers ist es sehr schwer, innerhalb eines Lebens den Zustand der Erleuchtung zu erlangen. Früher haben viele Menschen, die die Wege des Elixiers praktizierten, versucht, das Elixier hochzuheben. Als das Elixier den Niwan-Palast erreichte, kam es nicht mehr weiter. So erstickten sie daran. Manche wollten es von Menschenhand sprengen, aber es gelang ihnen nicht. Bei manchem war es so, dass sein Großvater bei der Veredlung des Elixiers keinen Erfolg hatte, so spuckte er es vor seinem Tod aus und gab es an seinen Vater weiter; sein Vater hat es auch nicht geschafft und spuckte es vor dem Tod aus und gab es an ihn weiter. Bis heute ist dieser Mensch immer noch ein Nichts. Es ist sehr schwierig! Natürlich, viele Kultivierungswege sind sehr gut. Wenn man die wahre Überlieferung erhalten hat, ist das auch nicht schlecht. Es ist nur zu befürchten, dass man dir nicht so weitentwickelte Dinge weitergibt.

3.2 Das Hauptbewusstsein wird kultiviert

Jeder hat ein Hauptbewusstsein, mit dem er handelt und denkt. Neben dem Hauptbewusstsein hat der Mensch noch ein oder mehrere Nebenbewusstseinsformen, darüber hinaus existieren noch die Informationen der Vorfahren seiner Sippe. Das Nebenbewusstsein hat denselben Namen wie das Hauptbewusstsein. Normalerweise ist das Nebenbewusstsein fähiger und befindet sich auf einer höheren Ebene als das Hauptbewusstsein. Es lässt sich nicht in der Gesellschaft der gewöhnlichen Menschen verwirren und kann seine bestimmten Räume sehen. Bei vielen Kultivierungswegen wird das Nebenbewusstsein kultiviert, wobei der fleischliche Körper und das Hauptbewusstsein eines Menschen als Träger funktionieren. Davon wissen die Praktizierenden normalerweise nichts und sind dabei sogar noch von sich selbst begeistert. Die Menschen leben in der Gesellschaft, es ist sehr schwer für sie, auf das Praktische, besonders auf das, an dem sie festhalten, zu verzichten. Deshalb wird bei vielen Kultivierungswegen großer Wert auf die Meditation, die absolute Meditation gelegt. Bei der Umwandlung in der Meditation wandelt sich das Nebenbewusstsein in einer anderen Gesellschaft um. Bei der Umwandlung erhöht sich das Nebenbewusstsein. Eines Tages hat sich das Nebenbewusstsein nach oben kultiviert und bringt deine Kultivierungsenergie weg, dein Hauptbewusstsein und dein Benti gehen dann leer aus. Du hast das ganze Leben lang umsonst kultiviert, das ist sehr schade. Manche berühmte Qigong-Meister haben verschiedene große Kultivierungsfähigkeiten und genießen großes Ansehen. Aber ihre Kultivierungsenergie wächst überhaupt nicht an ihrem eigenen Körper, sie wissen noch nicht einmal davon.

Bei unserem Falun Gong kultiviert man sich direkt auf das Hauptbewusstsein gerichtet. Es ist erforderlich, dass die Kultivierungsenergie wirklich an deinem Körper anwächst. Natürlich bekommt das Nebenbewusstsein auch einen Teil davon, es erhöht sich an untergeordneter Stelle mit. In unserem Kultivierungsweg werden strenge Anforderungen an die Xinxing gestellt. Du wirst dazu gebracht, die Xinxing in der Gesellschaft der gewöhnlichen Menschen und unter den kompliziertesten Umständen zu stählen, sodass du dich erhöhst, so wie eine aus dem Schlamm emporwachsende Lotusblume, deshalb ist dir erlaubt, dich erfolgreich zu kultivieren. Das Wertvollste an Falun Gong liegt eben genau darin, nämlich, dass du selbst die Kultivierungsenergie bekommst. Jedoch ist das wiederum auch sehr schwer. Das Schwierige liegt darin, dass du den Weg gehst, dich in der kompliziertesten Umgebung zu stählen.

Da die Kultivierung des Hauptbewusstseins das Ziel des Praktizierens ist, soll beim Praktizieren jederzeit das Hauptbewusstsein den Menschen steuern. Das Hauptbewusstsein hat das Sagen, man darf es nicht dem Nebenbewusstsein übergeben. Ansonsten kultiviert sich das Nebenbewusstsein eines Tages nach oben und nimmt die Kultivierungsenergie mit, während der Benti und das Hauptbewusstsein leer ausgehen. Wenn du dich zu hohen Ebenen kultivieren willst, aber dein Hauptbewusstsein so wie im Schlaf nichts davon weiß und auch nicht weiß, was du praktizierst, geht das nicht. Du musst dir unbedingt darüber im Klaren sein, dass du gerade Übungen praktizierst, dich nach oben kultivierst und die Xinxing erhöhst, nur so hast du die Initiative und kannst die Kultivierungsenergie bekommen. Manchmal warst du geistesabwesend, sodass du irgendetwas erledigt hast, ohne zu wissen, wie du es erledigt hast. Dann hat in Wirklichkeit das Nebenbewusstsein seine Wirkung ausgeübt und dich gesteuert. Wenn du bei der Meditation im Lotussitz die Augen aufmachst und siehst, dass noch ein "Du" dir gegenüber sitzt, dann ist das dein Nebenbewusstsein. Angenommen, du meditierst nach Norden und bemerkst plötzlich, dass du im Norden bist, dann denkst du: Wie kommt es, dass ich aus dem Körper herausgekommen bin? Dann ist das wahre Du herausgekommen. Derjenige, der dort sitzt, ist dein fleischlicher Körper und dein Nebenbewusstsein. Das lässt sich voneinander unterscheiden.

Bei der Kultivierung des Falun Gong darf man sich selbst nicht vergessen. Sich selbst vergessen entspricht nicht der großen Methode zur Kultivierung des Falun Gong. Bei den Übungen muss das Gehirn unbedingt wach bleiben. Wenn das Hauptbewusstsein bei den Übungen stark bleibt, wird nichts schiefgehen. Normale Dinge können dir nicht schaden. Wenn das Hauptbewusstsein sehr schwach ist, wird sich etwas an dich heften.

3.3 Beim Praktizieren der Übungen wird nicht von Himmelsrichtungen und Zeiten geredet

Bei vielen Kultivierungswegen legt man Wert darauf, welche Himmelsrichtungen und welche Uhrzeiten gut für das Praktizieren der Übungen sind. Davon wird hier bei uns überhaupt nicht geredet. Bei der Kultivierung des Falun Gong wird nach den kosmischen Eigenschaften und den Umwandlungsprinzipien des Kosmos praktiziert. Deshalb wird nicht von der Himmelsrichtung und nicht von der Uhrzeit geredet. Wenn wir die Übungen praktizieren, sitzen wir eigentlich auf dem Falun, das sich nach allen Himmelsrichtungen zugleich richtet und sich ständig dreht. Unser Falun dreht sich synchron mit dem Kosmos. Der Kosmos bewegt sich, das Milchstraßensystem bewegt sich, die neun Planeten drehen sich um die Sonne und die Erde dreht sich auch noch. Wo sind dann Osten, Süden, Westen und Norden? Der Osten, Süden, Westen und Norden, wie wir es meinen, sind von den Erdenmenschen vom Standpunkt der Erde aus angeordnet worden. Deshalb, ganz gleich, in welche Himmelsrichtung du bei der Übung stehst, du bist allen Himmelsrichtungen zugewendet.

Manche sagen, es sei gut, die Übungen um Mitternacht oder mittags oder zu irgendeiner bestimmten Zeit zu machen. Wir reden nicht davon. Denn wenn du keine Übungen machst, veredelt dich das Falun. Das Falun hilft dir jederzeit beim Praktizieren. Das Fa veredelt die Menschen. Beim Qigong des Weges des Elixiers veredeln die Menschen das Elixier, beim Falun Gong veredelt das Fa die Menschen. Wenn du mehr Zeit hast, kannst du mehr Übungen machen; wenn du weniger Zeit hast, kannst du weniger Übungen machen. Wir gehen damit sehr flexibel um.

4. DOPPELKULTIVIERUNG VON KÖRPER UND GEIST

Bei der Kultivierung des Falun Gong wird sowohl der Geist als auch der Körper kultiviert. Durch die Übungen wird zuerst der Benti geändert. Der Benti wird beibehalten, das Hauptbewusstsein und der fleischliche Körper vereinigen sich, damit sich der Mensch in seiner Gesamtheit erfolgreich kultiviert.

4.1 DEN BENTI VERÄNDERN

Der menschliche Körper setzt sich aus Fleisch, Blut und Knochen, aus unterschiedlichen molekularen Strukturen und Bestandteilen zusammen. Durch die Übungen werden die molekularen Bestandteile des Körpers in hochenergetische Substanzen umgewandelt. So besteht der menschliche Körper nicht mehr aus den ursprünglichen materiellen Bestandteilen. Er hat sich vom Wesen her geändert. Die Kultivierenden kultivieren sich jedoch unter den gewöhnlichen Menschen, sie leben unter den Menschen und dürfen dem Zustand der menschlichen Gesellschaft nicht zuwiderhandeln. Deshalb wird ihre ursprüngliche molekulare Struktur bei dieser Änderung nicht verändert. Die Anordnung der Reihenfolge der Moleküle bleibt unverändert, nur die ursprünglichen molekularen Bestandteile werden verändert. Das Fleisch des Körpers bleibt weich, die Knochen bleiben fest und das Blut fließt immer noch. Wenn man sich ins Fleisch schneidet, blutet es immer noch. Nach der altchinesischen Lehre der Fünf Elemente bestehen alle Dinge aus Metall, Holz, Wasser, Feuer und Erde. Das gilt auch für den menschlichen Körper. Wenn sich der Benti eines Praktizierenden geändert hat und die ursprünglichen molekularen Bestandteile durch hochenergetische Substanzen ersetzt worden sind, besteht sein Körper nicht mehr aus den ursprünglichen Substanzen. Das ist der Grund dafür, warum sich dieser Körper "nicht mehr in den Fünf Elementen" befindet.

Die größte Besonderheit der Doppelkultivierung von Körper und Geist liegt in der Verlängerung und Verlangsamung des Lebens und des Alterns. Unser Falun Gong besitzt diese auffällige Besonderheit. Beim Falun Gong wird folgender Weg eingeschlagen: Die molekularen Bestandteile des menschlichen Körpers werden von Grund auf geändert, die gesammelten hochenergetischen Substanzen werden in jeder Zelle gespeichert, schließlich werden die Bestandteile der Zellen durch die hochenergetischen Substanzen ersetzt, und so findet kein Stoffwechsel mehr statt. Der Praktizierende ist aus den Fünf Elementen herausgekommen, sein Körper ist zu einem Körper geworden, der aus den Substanzen anderer Räume besteht, und er wird nicht mehr von unserem Raum und unserer Zeit eingeschränkt. So bleibt dieser Mensch für immer jung.

Die hochkultivierten Mönche aller Zeitalter hatten ein langes Leben. Heute gibt es welche, die einige Jahrhunderte alt sind; sie gehen auf der Straße, und du kannst es nicht erkennen. Sie sehen sehr jung aus und sind gekleidet wie die gewöhnlichen Menschen, und so kannst du es nicht erkennen. Das Leben des Menschen sollte nicht so kurz sein wie heutzutage. Vom Standpunkt der modernen Wissenschaft her gesehen, können die Menschen über 200 Jahre alt werden. Laut Aufzeichnungen gab es in Großbritannien einen Mann namens Femcath, der 207 Jahre alt wurde. Ein Japaner namens Mitsutaira wurde 242 Jahre alt. Der chinesische Mönch Huizhao in der Tang-Dynastie wurde 290 Jahre alt. Nach den historischen Aufzeichnungen aus dem Kreis Yongtai in der Provinz Fujian wurde Chen Jun im ersten Jahr der Regierungsperiode Zhonghe (881 nach Christus) unter dem Kaiser Xizong der Tang-Dynastie geboren und starb im Jahre 1324 in der Regierungsperiode Taiding der Yuan-Dynastie. Er wurde 443 Jahre alt. Darüber gibt es Aufzeichnungen, das sind keine Tausend-und-eine-Nacht-Erzählungen. Durch die Kultivierung nehmen die Falten im Gesicht unserer Falun Gong-Lernenden sichtlich ab, das Gesicht strahlt Gesundheit aus, der Körper fühlt sich sehr leicht an und beim Gehen und Arbeiten fühlen sie sich nicht müde. Das ist ein allgemeines Phänomen. Ich kultiviere mich seit einigen Jahrzehnten. Alle sagen, dass sich mein Gesicht im Vergleich zu dem von vor 20 Jahren nicht viel verändert hat. Der Grund dafür ist die Kultivierung. Bei unserem Falun Gong gibt es etwas Starkes, was den Körper kultivieren kann. Bezogen auf das Alter gibt es große Unterschiede im Aussehen der Falun Gong-Kultivierenden und den gewöhnlichen Menschen, ihr Aussehen entspricht nicht ihrem wahren Alter. So liegt die größte Besonderheit des Doppelkultivierungsweges von Körper und Geist darin, dass das Leben und das Altern verlangsamt und die Lebenserwartung verlängert werden kann.

4.2 Der Falun-Himmelskreis

Unser menschlicher Körper ist ein kleiner Kosmos. Wenn die Energie des menschlichen Körpers einmal um den Körper kreist, bezeichnet man das als Zirkulation des kleinen Kosmos oder als Zirkulation des Himmelskreises. Damit ist der Zusammenschluss von Ren- und Du-Meridian gemeint. Von den Ebenen her gesehen, ist das nur ein oberflächlicher Himmelskreis, der keine Wirkung für die Kultivierung des Körpers hat. Der wirkliche kleine Himmelskreis fängt beim Niwan-Palast an, läuft bis zum Elixierfeld und zirkuliert im Körperinneren. Die interne Zirkulation bringt den Körper dazu, sich von innen nach außen auszudehnen, sodass alle Meridiane aufgeschlossen werden. Bei unserem Falun Gong ist es erforderlich, dass alle Meridiane schon zu Anfang geöffnet werden.

Der große Himmelskreis ist die Zirkulation der acht Sondermeridiane und zirkuliert einmal durch den ganzen Körper. Wenn der große Himmelskreis aufgeschlossen ist, bringt das einen bestimmten Zustand mit sich: Dieser Praktizierende kann schweben. Genau damit ist "am hellichten Tage zum Himmel emporsteigen" gemeint, wie es im "Buch des Elixiers" steht. Aber normalerweise wird irgendeine Stelle deines Körpers verschlossen, sodass du nicht schweben kannst. Allerdings wirst du in einen Zustand gebracht, der dich beim Gehen sehr leicht fühlen lässt, beim Bergsteigen scheint es so, als ob dich jemand nach oben schiebt. Nachdem der große Himmelskreis aufgeschlossen ist, kann das noch eine Kultivierungsfähigkeit mit sich bringen, nämlich, dass das Qi unterschiedlicher innerer Organe vertauscht werden kann: Das Qi des Herzens geht zum Magen; das Qi des Magens zu den Därmen... Wenn die Kultivierungskraft stärker wird und diese Kultivierungsfähigkeit aus dem Körper abgegeben wird, ist sie die Kultivierungsfähigkeit des Transportes. Diese Art Himmelskreis nennt man auch Ziwu-Himmelskreis oder Himmel-Erde-Kreislauf. Aber durch diese Zirkulation kann noch nicht erreicht werden, den Körper umzuwandeln. Es muss noch einen weiteren entsprechenden Himmelskreis geben, der Maoyou-Himmelskreis genannt wird. Die Zirkulation des Maoyou-Himmelskreises sieht so aus: Er beginnt vom Huiyin-Punkt oder Baihui-Punkt und läuft dann entlang der Grenzlinie der Yin- und Yang-Seite, also an den Seiten des Körpers entlang.

Im Falun Gong ist die Zirkulation des Himmelskreises viel größer als die der acht Sondermeridiane bei anderen gewöhnlichen Kultivierungswegen. Dabei bewegen sich alle Qi-Meridiane, die sich überall kreuz und quer im

Körper befinden. Es ist erforderlich, dass alle Meridianen auf einmal als ein Ganzes und gründlich freigemacht werden und in Bewegung kommen. All dies ist in unserem Falun Gong zu finden, du brauchst es nicht mit Absicht zu veredeln und auch nicht mit Gedanken zu leiten. Wenn du so etwas machst, wird es schief gehen. Auf dem Kurs setze ich dir außerhalb deines Körpers Qi-Mechanismen ein, die automatisch zirkulieren. Die Qi-Mechanismen sind Dinge, die nur beim Praktizieren auf hohen Ebenen zu finden sind. Sie sind ein Teil unseres automatischen Praktizierens. Genauso wie das Falun drehen sich auch die Qi-Mechanismen ununterbrochen und bringen die Qi-Meridiane des Körpers in Bewegung. Auch wenn du noch nie den Himmelskreis praktiziert hast, werden damit die Qi-Meridiane in Bewegung gebracht. Alles zirkuliert gleichzeitig sowohl im Inneren als auch im Äußeren. Unsere körperlichen Übungen dienen nur dazu, die Qi-Mechanismen außerhalb des Körpers zu verstärken.

4.3 DAS AUFSCHLIESSEN DER MERIDIANE

Der Zweck des Aufschließens der Meridiane liegt darin, die Energie in Bewegung zu bringen und die molekularen Bestandteile der Zellen zu verändern, sodass sie sich in die hochenergetischen Substanzen umwandeln. Die Meridiane der Nichtpraktizierenden sind verstopft oder sogar sehr dünn, die Meridiane der Praktizierenden werden allmählich heller und die verstopften Stellen werden freigemacht. Die Meridiane bei denjenigen, die über eine lange Zeit und gut praktiziert haben, können breiter werden. Bei der Kultivierung auf hohen Ebenen werden die Meridiane noch breiter. Bei manchen sind die Meridiane so dick wie ein Finger. Aber das Aufschließen der Meridiane an sich kann nicht darstellen, wie weit man sich kultiviert hat und wie hoch die Kultivierungsenergie ist. Durch das Praktizieren werden die Meridiane immer heller und breiter, bis sich schließlich alle Meridiane zusammenschließen und zu einem Ganzen werden. Dann hat dieser Mensch weder Meridiane noch Akupunkturpunkte; oder anders herum gesagt, überall am Körper sind Meridiane und Akupunkturpunkte. Das bedeutet aber noch nicht, dass dieser Mensch das Tao schon erreicht hat. Es ist nur eine Art Verkörperung, eine Verkörperung der Ebene während der Kultivierung des Falun Gong. Wenn man bis dahin gekommen ist, hat man schon das Ende der Kultivierung des weltlichen Fa erreicht. Zugleich erscheint vom Aussehen her ein sehr augenfälliger Zustand: Drei Blumen versammeln sich auf dem Kopf. Nun sind schon sehr viele verschiedene Formen der Kultivierungsenergie entstanden, die Säule der Kultivierungsenergie ist auch sehr hoch geworden, außerdem erscheinen drei Blumen auf dem Kopf. Eine ähnelt der Lotusblume, eine andere der Chrysantheme. Die drei Blumen drehen sich um ihre eigene Achse, gleichzeitig drehen sie sich auch der Reihe nach im Kreis. Auf jeder Blume ist eine Säule, die zum Himmel ragt, sie ist sehr hoch. Die drei Säulen drehen sich zusammen mit den Blumen, zugleich drehen sie sich auch um ihre eigene Achse. Der Kopf kommt einem sehr schwer vor. Jetzt hat man nur den letzten Schritt der Kultivierung des weltlichen Fa hinter sich gebracht.

5. Gedanken

Beim Kultivieren des Falun Gong werden keine Gedanken angewandt. Die Gedanken an sich können nichts bringen, sie können nur Befehle geben. Was wirklich wirkt, sind die Kultivierungsfähigkeiten. Sie sind intelligent und können denken. Sie lassen sich vom Gehirn steuern. Aber viele Menschen, besonders Menschen aus Qigong-Kreisen, haben darüber unterschiedliche Meinungen. Sie glauben, dass die Gedanken vieles tun können. Manche sagen, Gedanken könnten die Kultivierungsfähigkeiten und das Himmelsauge öffnen, Gedanken könnten Krankheiten heilen und Dinge transportieren und so weiter. Das ist eine falsche Erkenntnis. Auf niedrigen Ebenen, unter den gewöhnlichen Menschen befehligen die Gedanken die Sinnesorgane und die Glieder. Auf hohen Ebenen können die Gedanken der Praktizierenden zu einer höheren Stufe angehoben werden und die Kultivierungsfähigkeiten befehligen, etwas zu tun. Das heißt, dass die Kultivierungsfähigkeiten von den Gedanken gesteuert werden. Das ist unsere Meinung zu den Gedanken. Manchmal sieht man, dass ein Qigong-Meister bei einer Heilbehandlung seine Hände gar nicht bewegt hat, und schon sagt der Kranke, dass er geheilt ist. Dann glaubt man, dass die Krankheit durch Gedanken geheilt wurde. In Wirklichkeit hat der Qigong-Meister eine Art Kultivierungsfähigkeit abgegeben und dieser befohlen, den Kranken zu heilen oder etwas anderes zu machen. Weil sich die Kultivierungsfähigkeiten in anderen Räumen bewegen, können die Augen der gewöhnlichen Menschen sie nicht sehen. Diejenigen, die davon keine Ahnung haben, glauben, dass die Gedanken es getan haben. Manche glauben, dass die Gedanken Krankheiten heilen können. Das führt die Menschen in die Irre, diese Ansicht muss klargestellt werden.

Das Denken der Menschen ist eine Art Information, eine Art Energie und eine Existenzform der Materie. Wenn man denkt, entsteht im Gehirn eine Art Frequenz. Manchmal ist das Rezitieren des Mantras sehr wirkungsvoll. Warum? Der Kosmos hat auch seine Schwingungsfrequenz. Wenn die Schwingungsfrequenz des rezitierten Mantras und die Schwingungsfrequenz des Kosmos eine Resonanz bilden, können sich Effekte ergeben. Natürlich können nur die guten Informationen Wirkung haben, weil Häretisches im Kosmos nicht existieren darf. Die Gedanken sind auch eine Art bestimmte Denkweise. Der Fashen eines großen Qigong-Meisters auf hohen Ebenen wird von den Gedanken des Hauptkörpers kontrolliert und befehligt. Der Fashen hat auch sein eigenes Denken und die Fähigkeit, Probleme selbständig zu lösen und Dinge zu erledigen. Er ist voll und ganz ein selbständiges Wesen. Zugleich kann der Fashen die Gedanken des Hauptkörpers des Qigong-Meisters wissen und sich danach richten. Wenn zum Beispiel ein Qigong-Meister einen Kranken behandeln will, dann geht sein Fashen hin. Wenn der Qigong-Meister diesen Gedanken nicht abgegeben hat, geht er nicht hin. Wenn er aber sehr sehr gute Sachen sieht, wird er sie von sich aus machen. Manche große Meister sind noch nicht zur Erleuchtung gekommen und wissen deshalb manches noch nicht, aber ihr Fashen weiß es schon.

Eine andere Form von Gedanken ist die Inspiration. Die Inspiration stammt nicht aus dem Hauptbewusstsein des Menschen. Das Wissen des Hauptbewusstseins ist sehr begrenzt. Das Hauptbewusstsein allein schafft es nicht, etwas zu erzeugen, das es in dieser Gesellschaft noch nicht gibt. Die Inspiration kommt vom Nebenbewusstsein. Wenn manche sich beim Schreiben oder bei einem wissenschaftlichen Projekt den Kopf zerbrechen, aber trotzdem nichts zustande bringen können, lassen sie die Arbeit liegen und machen eine Pause, sie gehen spazieren. Plötzlich und unbewusst kommt die Inspiration, sofort greifen sie zur Feder. Dann haben sie etwas erschaffen. Denn wenn das Hauptbewusstsein sehr stark ist, kontrolliert es das Gehirn, so kann man es nicht schaffen. Sobald sich das Hauptbewusstsein entspannt, wird das Nebenbewusstsein wirken und das Gehirn steuern. Das Nebenbewusstsein existiert in einem anderen Raum und wird nicht von unserem Raum gefesselt, deshalb kann es etwas Neues erschaffen. Aber das Nebenbewusstsein darf auch nicht über den Zustand der Gesellschaft der gewöhnlichen Menschen hinausgehen, diesen stören und den Entwicklungsprozess der Gesellschaft beeinflussen.

Die Inspiration hat zwei Quellen. Die eine kommt aus dem Nebenbewusstsein. Das Nebenbewusstsein lässt sich nicht von der

Menschenwelt verwirren, es kann Inspirationen erzeugen. Die andere kommt von Befehlen und Hinweisen hoher Lebewesen aus hohen Ebenen. Durch die Hinweise hoher Lebewesen wird das Denken erweitert und ist in der Lage, etwas ganz Neues zu schaffen. Die ganze Gesellschaft und der Kosmos entwickeln sich nach ihren bestimmten Gesetzmäßigkeiten. Nichts ist zufällig.

6. KULTIVIERUNGSEBENEN DES FALUN GONG

6.1 KULTIVIERUNG AUF HOHEN EBENEN

Beim Falun Gong kultiviert man sich auf sehr hohen Ebenen, deshalb kann man sehr schnell die Kultivierungsenergie bekommen. Der große Weg ist am einfachsten und am leichtesten. Aus makroskopischer Sicht haben die Übungen des Falun Gong sehr wenige Bewegungen, jedoch kontrollieren diese wenigen Bewegungen alle Aspekte des Körpers und vieles andere, was bei der Kultivierung entstehen wird. Solange die Xinxing damit Schritt halten kann, wird die Kultivierungsenergie ruck zuck sehr schnell wachsen. Man muss sich nicht absichtlich große Mühe geben oder irgendwelche Methoden verwenden, man muss auch nicht "Schmelztiegel auf den Ofen stellen", "Kräuter sammeln und Elixier veredeln" oder wer weiß wie viel "Feuer schüren" und wer weiß wie viel "Kräuter sammeln". Die Gedankenführungen sind sehr kompliziert und können Menschen leicht auf Abwege führen. Wir bieten euch hier die günstigste Schule, die beste Schule und die schwierigste Kultivierungsschule an. Damit der Körper den Zustand des milchweißen Körpers erreicht, brauchen die Praktizierenden anderer Kultivierungswege mehr als zehn Jahre, Dutzende von Jahren oder eine noch längere Zeit. Wir aber bringen dich gleich dahin. Bevor du es wahrgenommen hast, hast du diese Ebene schon hinter dir. Vielleicht dauert es nur ein paar Stunden. Eines Tages wirst du sehr empfindsam sein, nach einer Weile wieder nicht mehr, in Wirklichkeit hast du dabei eine große Ebene hinter dich gebracht.

6.2 ERSCHEINUNGSFORMEN DER KULTIVIERUNGSENERGIE

Nachdem der Körper der Falun Gong-Lernenden in Ordnung gebracht worden ist, befindet er sich in einem Zustand, der für die Kultivierung des großen Fa geeignet ist. Dieser Zustand ist der Zustand des "milchweißen Körpers". Nur wenn der Körper in diesen Zustand gebracht worden ist, kann die Kultivierungsenergie entstehen. Menschen, deren Himmelsauge auf hohen Ebenen geöffnet ist, werden sehen, dass die Kultivierungsenergie auf der Körperhaut der Praktizierenden entsteht und dann in den Körper hinein abgeladen wird. Nachher entsteht erneut Kultivierungsenergie und wird wieder im Körper abgeladen. So wiederholt es sich, Ebene für Ebene wird durchlaufen. Manchmal geht es sehr schnell. Das ist Kultivierungsenergie des ersten Verlaufs. Nachdem die Kultivierungsenergie den ersten Verlauf abgeschlossen hat, ist der Körper der Praktizierenden kein normaler Körper mehr. Nachdem der Körper zum milchweißen Körper geworden ist, wird er von nun an nie mehr krank. Wenn es später hier oder da weh tut oder man sich an irgendeiner Stelle unwohl fühlt, so als ob man krank wäre, so ist das keine Krankheit, sondern wird durch das Karma verursacht. Wenn die Kultivierungsenergie des zweiten Verlaufs entsteht, sind jene intelligenten Lebewesen schon sehr groß geworden. Sie können sich bewegen und sprechen. Manchmal treten sie sehr vereinzelt auf, manchmal sehr dicht. Sie sprechen auch miteinander. In diesen intelligenten Lebewesen ist eine große Menge Energie gespeichert. Sie dienen dazu, den Benti zu verändern.

Wenn man sich im Falun Gong bis auf eine sehr hohe Ebene kultiviert hat, erscheinen manchmal Kindchen am ganzen Körper, sie sind sehr ausgelassen, verspielt und sehr gutherzig. Außerdem kann durch das Praktizieren noch eine andere Art Körper entstehen. Das ist das Urkind. Es sitzt auf einem Lotusthron und sieht sehr schön aus. Das Urkind, das durch das Praktizieren hervorgebracht wird, entsteht durch die Kombination vom Yin und Yang des menschlichen Körpers. Sowohl männliche als auch weibliche Kultivierende können das Urkind durch das Praktizieren bekommen. Am Anfang ist das Urkind sehr klein. Es wächst mit der Zeit und wird schließlich so groß wie der Praktizierende selbst. Es sieht in allen Einzelheiten genauso aus wie der Praktizierende und befindet sich in seinem Körper. Wenn Menschen mit besonderen Fähigkeiten ihn anschauen, sagen sie, dass er zwei Körper hat. In Wirklichkeit ist sein "Wahrer Körper" durch die Kultivierung entstanden. Außerdem werden auch noch viele Fashen herauskultiviert. Mit einem Wort: Alle Fähigkeiten, die im Kosmos auftauchen können, gibt es im Falun Gong; alle Fähigkeiten, die in anderen Kultivierungswegen auftauchen können, gibt es im Falun Gong auch.

6.3 KULTIVIERUNG DES ÜBERWELTLICHEN FA

Durch das Praktizieren der Übungen erweitern die Praktizierenden die Meridiane immer und immer wieder, bis sich die Meridiane schließlich zusammenschließen und zu einem Ganzen werden. Das heißt, dass er keinen Meridian und keinen Akupunkturpunkt mehr hat. Anders herum gesagt, überall am Körper sind Meridiane und Akupunkturpunkte. Das bedeutet aber noch nicht, dass er das Tao erreicht hat. Es ist nur eine Art Verkörperung, eine Verkörperung der Ebene während der Kultivierung des Falun Gong. Wenn man diese Ebene erreicht hat, ist man schon am Ende der Kultivierung des weltlichen Fa und es ist schon sehr viel Kultivierungsenergie entstanden. All die Kultivierungsenergie hat eine Gestalt. Die Säule der Kultivierungsenergie ist auch sehr hoch geworden. Außerdem erscheinen drei Blumen über dem Kopf. Dabei hat man bloß den letzten Schritt der Kultivierung des weltlichen Fa getan.

Wenn man noch einen Schritt weiter nach vorn geht, bleibt nichts mehr übrig. Die Kultivierungsenergie wird komplett in den tiefsten Raum des Körpers abgeladen, und so tritt man in den Zustand des "reinweißen Körpers" ein. Der Körper eines solchen Menschen ist durchsichtig geworden. Wenn er noch einen Schritt weitergeht, tritt er in die Kultivierung des überweltlichen Fa ein, die auch Kultivierung des Buddha-Körpers genannt wird. Die dabei entstehende Kultivierungsenergie gehört zu den göttlichen Fähigkeiten. Nun kennt seine Kraft keine Grenzen mehr, sie ist sehr groß. Wenn er sich auf noch höheren Ebenen kultiviert, wird er ein großer Erleuchteter. Es kommt allein darauf an, wie du deine Xinxing kultivierst. Zu welcher Ebene du dich kultiviert hast, auf dieser Ebene befindet sich deine Fruchtposition. Menschen mit großer Entschlossenheit erhalten das orthodoxe Fa, erlangen die richtige Fruchtposition. Das ist die Vollendung.

Kapitel 3
Die Xinxing kultivieren

Alle Kultivierenden des Falun Gong müssen die Kultivierung der Xinxing an die erste Stelle setzen und erkennen, dass die Xinxing das Entscheidende für das Wachsen der Kultivierungsenergie ist. Das ist ein Grundsatz für die Kultivierung auf hohen Ebenen. Streng genommen kommt die Kultivierungskraft, die die Ebene bestimmt, nicht vom Praktizieren der Übungen, sondern von der Kultivierung der Xinxing. Es ist leicht, von der Erhöhung der Xinxing zu reden, aber es ist sehr sehr schwer, das in die Praxis umzusetzen. Die Kultivierenden müssen äußerst viel hergeben, ihr Erleuchtungsvermögen verbessern, das Leiden im Leiden ertragen können, das Unerträgliche ertragen können und so weiter. Warum wächst die Kultivierungsenergie nicht, obwohl manche Menschen viele Jahre lang Qigong praktiziert haben? Dafür gibt es folgende grundlegende Ursachen: Erstens wurde kein Wert auf die Xinxing gelegt; zweitens haben sie das orthodoxe Fa auf hohen Ebenen nicht erhalten. Diese zwei Punkte müssen klar gesagt werden. Während viele Meister ihren Kultivierungsweg lehren, legen sie Wert auf die Xinxing. Das ist, wahrhaftig den Kultivierungsweg zu lehren. Diejenigen, die nur die Übungsbewegungen und Techniken lehren, ohne den Menschen den Wert der Xinxing zu erklären, lehren in Wirklichkeit häretisches Fa. Deshalb müssen sich die Praktizierenden für die Erhöhung ihrer Xinxing große Mühe geben. Erst dann können sie in die Kultivierung der höheren Ebenen eintreten.

1. Inhalte der Xinxing

Die Xinxing, von der im Falun Gong gesprochen wird, enthält nicht nur "Tugend". Sie ist viel umfassender als "Tugend". Sie beinhaltet zusätzlich zur "Tugend" vieles in verschiedenen Bereichen. "Tugend" ist nur eine Verkörperung der Xinxing eines Menschen. Unter der Bedeutung von "Xinxing" nur "Tugend" zu verstehen, ist bei weitem nicht ausreichend. Die Xinxing beinhaltet die Einstellung, wie man mit den zwei Aspekten, "Gewinn" und "Verzicht" umgeht. "Gewinn" bedeutet, die Angleichung an die kosmischen Eigenschaften zu erlangen. Die besonderen Eigenschaften, die den Kosmos bilden, sind "Zhen (Wahrhaftigkeit, das Wahre), Shan (Barmherzigkeit, Gutherzigkeit) und Ren (Nachsicht, Duldsamkeit)". Die Angleichung eines Praktizierenden an die kosmischen Eigenschaften wird durch seine "Tugend" verkörpert. "Verzicht" bedeutet, auf üble Gedanken und Taten wie Habgier, eigene Vorteile, Erotik, Begierde, Töten, Kämpfen, Stehlen, Rauben, Tücke, Neid und so weiter zu verzichten. Wenn man sich zu hohen Ebenen kultivieren will, muss man auch noch auf das Streben nach der Erfüllung der Begierden, an denen die Menschen festhalten, verzichten, das heißt, dass man auf all den Eigensinn verzichten soll und dass man Ruhm und alle persönlichen Vorteile sehr leicht nehmen soll.

Der fleischliche Körper und die Charaktereigenschaften zusammen bilden einen vollständigen Menschen. Der Kosmos ist ebenso, er ist etwas Materielles und besitzt zugleich noch die Eigenschaften "Zhen, Shan und Ren". In jedem Körnchen der Luft existieren diese Eigenschaften. In der Gesellschaft der gewöhnlichen Menschen zeigen sich diese Eigenschaften dergestalt, dass man gelobt wird, wenn man Gutes getan hat; und dass man bestraft wird, wenn man Schlechtes getan hat. Auf hohen Ebenen zeigen sie sich in Form von Kultivierungsfähigkeiten. Wer diesen Eigenschaften entspricht, ist ein guter Mensch, wer ihnen zuwiderhandelt, ist ein schlechter Mensch. Wer ihnen entspricht und sich ihnen angeglichen hat, der hat Tao erreicht. Es ist also erforderlich, dass ein Praktizierender eine äußerst hohe Xinxing hat, um sich diesen Eigenschaften anzugleichen, erst dann kann er sich zu hohen Ebenen kultivieren.

Es ist leicht, ein guter Mensch zu werden; es ist aber nicht mehr so leicht, die Xinxing zu kultivieren. Die Kultivierenden sollen sich darauf einstellen. Wer ein aufrichtiges Herz haben will, muss zuerst einen aufrichtigen Willen haben. Die Menschen leben auf dieser Welt, und die Gesellschaft ist kompliziert. Wenn du Wohltaten tun willst, wird dich jemand daran hindern. Du willst niemanden verletzen, aber es gibt Menschen, die dich aus verschiedenen Gründen verletzen. Manches davon ist kein Zufall. Kannst du erkennen, warum das so ist? Wie sollst du damit umgehen? Alles Recht und Unrecht dieser Welt prüft immerzu deine Xinxing. Kannst du dich jederzeit entsprechend den strengen Anforderungen an die Xinxing beherrschen, wenn du grundlos beleidigt wirst oder deinen eigenen Interessen geschadet wird, wenn du mit Geld oder einer attraktiven Frau konfrontiert wirst, wenn du dich in einem Machtkampf oder unter Menschen, die gegeneinander in Neid und Hass intrigieren, befindest, oder wenn du verschiedene gesellschaftliche Auseinandersetzungen oder familiäre Konflikte hast und unter verschiedenerlei Schmerzen leidest? Natürlich, wenn du dich in all den Situationen gut beherrschen kannst, bist du schon ein Erleuchteter. Jedenfalls fangen die meisten Praktizierenden als gewöhnliche Menschen an. Die Kultivierung der Xinxing geht auch Stück für Stück vorwärts. Wenn diejenigen, die einen großen Willen zur Kultivierung haben, dazu entschlossen sind, große Härten zu ertragen und große Schwierigkeiten zu überwinden, werden sie letztendlich die richtige Frucht erhalten. Ich hoffe, dass alle Kultivierenden die Xinxing streng bewahren und die Kultivierungskraft so bald wie möglich erhöhen!

2. VERLUST UND GEWINN

In Qigong-Kreisen ebenso wie in religiösen Kreisen wird von Verlust und Gewinn gesprochen. Manche meinen, dass Verlust bedeute, Geld zu spenden, etwas Gutes zu tun oder demjenigen zu helfen, der sich in Schwierigkeiten befindet; und dass Gewinn bedeute, die Kultivierungsenergie zu bekommen. Die Mönche im Tempel sagen auch, dass man Geld spenden solle. Das als Verlust zu verstehen, ist sehr unzureichend. Der Verlust, den wir meinen, ist in einem viel weiteren Sinne zu verstehen und ist etwas sehr Großes. Was wir von dir verlangen, aufzugeben, ist das Herz der gewöhnlichen Menschen, das Herz, das an irgendetwas festhält und es nicht loslässt. Du sollst in der Lage sein, das, was du für wichtig hältst, aufzugeben, und das, was deiner Meinung nach nicht aufgegeben werden kann, aufzugeben. Das ist der wahre Verlust. Etwas Gutes für andere zu tun und etwas Barmherzigkeit zu zeigen, ist nur ein Teil des Verlustes.

Gewöhnliche Menschen wollen ein wenig berühmt werden, ein bisschen Vorteile bekommen, ein etwas besseres und bequemeres Leben führen und mehr Geld haben. Das sind Ziele gewöhnlicher Menschen. Wir Praktizierende sind aber anders. Was wir bekommen, ist die Kultivierungsenergie und nicht diese Dinge. Wir sollen auf die persönlichen Interessen verzichten und sie ein bisschen leicht nehmen. Aber es ist auch wiederum nicht so, dass du wirklich etwas verlieren musst. Wir kultivieren uns in der Gesellschaft der gewöhnlichen Menschen und müssen uns wie normale Menschen verhalten. Das Entscheidende liegt darin, dass du jenen Eigensinn loslassen sollst; du musst nicht wirklich etwas verlieren. Was deins ist, geht nicht verloren; was nicht deins ist, kannst du auch nicht herbeischaffen. Auch wenn du es herbeigeschafft hast, musst du es zurückgeben. Wenn man etwas gewinnt, muss man etwas verlieren. Natürlich ist es unmöglich, alles auf einmal sehr gut zu machen, es ist auch nicht zu erreichen, über Nacht ein Erleuchteter zu werden. Aber sich Stück für Stück zu kultivieren und sich Schritt für Schritt zu erhöhen, das ist zu verwirklichen. Wie viel du aufgeben kannst, so viel bekommst du. Die persönlichen Interessen sollst du immer leicht nehmen. Lieber wenig bekommen, dafür aber die Ruhe bewahren. Vom Materiellen her ziehst du vielleicht den Kürzeren, aber von der Tugend her gewinnst du mehr, von der Kultivierungsenergie her auch. So ist der Grundsatz. Allerdings sollst du sie nicht mit Absicht gegen Ruhm, Geld oder andere persönliche Vorteile austauschen wollen. Man soll versuchen, es mithilfe des Erleuchtungsvermögens tiefer zu verstehen.

Einmal sagte jemand, der großes Tao kultivierte: "Was die anderen haben wollen, will ich nicht haben. Was die anderen haben, habe ich nicht. Aber was ich habe, haben sie nicht. Ich will das haben, was andere nicht haben wollen." Es ist für einen gewöhnlichen Menschen sehr schwierig, zufrieden zu sein. Er will alles haben, nur die Steine auf dem Boden liest er nicht auf. Dieser Tao-Kultivierende sagte aber: "Ich lese dann die Steine auf." Ein Sprichwort sagt: Seltenes ist kostbar. Die Steine haben auf dieser Seite zwar keinen Wert, aber auf jener Seite sind sie am teuersten. Hier wird ein philosophischer Grundsatz ausgesprochen, den ein gewöhnlicher Mensch nicht kennt. Viele hochkultivierte Menschen mit viel Tugend, die sich bis zur Vollendung kultiviert haben, haben gar nichts; für sie gibt es nichts, worauf sie nicht verzichten können.

Der Weg des Praktizierens ist sehr richtig, die Praktizierenden sind am klügsten. Die Dinge, nach denen die gewöhnlichen Menschen streben, und das bisschen Vorteile, die sie haben wollen, sind nicht von Dauer. Auch wenn sie sie erstrebt oder erkämpft haben oder ein bisschen Vorteile bekommen haben, was nützt das? Unter den gewöhnlichen Menschen gibt es einen Satz: Bei der Geburt lässt sich nichts mitbringen, beim Sterben nichts mitnehmen; man kommt mit nichts, man geht mit nichts dahin; selbst die Knochen werden eingeäschert. Ganz gleich, ob du ein Millionär oder ein hoher und prominenter Beamter bist, du kannst nichts mitnehmen. Die Kultivierungsenergie aber kannst du mitnehmen, denn sie wächst eben bei deinem Hauptbewusstsein an. Ich sage dir, es ist nicht leicht, die

Kultivierungsenergie zu bekommen. Sie ist besonders wertvoll und sehr schwer zu bekommen. Auch gegen tausend Goldstücke lässt sie sich nicht eintauschen. Wenn du viel Kultivierungsenergie hast und eines Tages nicht mehr praktizieren willst, solange du nichts Schlechtes tust, kann sich deine Kultivierungsenergie in all das Materielle umwandeln, das du haben willst; all das kannst du haben. Aber du wirst außer diesen Dingen, die du auf dieser Welt bekommst, nichts mehr von dem haben, was ein Kultivierender bekommen kann.

Aus irgendeinem persönlichen Interesse heraus haben manche Menschen das, was ihnen eigentlich nicht gehört, auf krummen Wegen erhalten. Sie glauben, sie hätten Vorteile bekommen. In Wirklichkeit haben sie die Vorteile, die sie bekommen haben, gegen ihre Tugend eingetauscht; nur wissen sie das nicht. Dadurch wird bei einem Praktizierenden die Kultivierungsenergie verringert; bei einem Nichtpraktizierenden wird die Lebensdauer verkürzt, oder etwas anderes wird reduziert. Jedenfalls muss die Rechnung beglichen werden, das ist ein himmlischer Grundsatz. Es gibt auch manche, die andere immer schikanieren oder mit bösen Worten kränken und so weiter. Während das geschieht, werfen diese Menschen den anderen einen entsprechenden Teil Tugend zu. Für die Beleidigung, die sie den anderen zugefügt haben, tauschen sie Tugend ein.

Manche meinen, dass ein guter Mensch oft den Kürzeren zieht. In den Augen der gewöhnlichen Menschen hat er den Kürzeren gezogen, aber er hat das bekommen, was gewöhnliche Menschen nicht bekommen können, nämlich "Tugend" - eine Art weiße Substanz, die äußerst wertvoll ist. Ohne Tugend gibt es keine Kultivierungsenergie, das ist eine absolute Wahrheit. Viele Menschen praktizieren Qigong, aber warum wächst ihre Kultivierungsenergie nicht? Eben weil sie ihre Tugend nicht nach oben kultiviert haben. Viele reden von Tugend, alle fordern Tugend, haben den wahren Grundsatz aber nicht erklärt, wie sich die Tugend in Kultivierungsenergie umwandelt. Man muss es selbst erkennen. Das Dazang-Sutra besteht aus über zehntausend Bänden, zu seinen Lebzeiten hat Shakyamuni das Fa mehr als vierzig Jahre lang erklärt, all das handelt sich um die Tugend; in allen alten chinesischen Büchern über die Kultivierung des Tao wird von der Tugend geredet. Laotse hat fünftausend Schriftzeichen, das "Tao Te King" geschrieben, darin geht es auch um die Tugend. Aber manche begreifen es einfach nicht.

Sprechen wir jetzt über den Verlust. Wo es Gewinn gibt, gibt es auch Verlust. Wenn du dich wirklich kultivieren willst, wirst du einigen Schwierigkeiten begegnen. Im Alltag zeigen sie sich in zwei Formen. Die eine ist, du wirst ein wenig körperliche Leiden ertragen, du wirst dich hier und da unwohl fühlen, aber das sind keine Krankheiten. Die andere Form ist, dass es in der Gesellschaft, in der Familie oder am Arbeitsplatz geschehen kann, dass plötzlich wegen persönlicher Interessen Konflikte oder Reibereien wegen emotionaler Bindungen auftauchen. Sie dienen der Erhöhung deiner Xinxing. Normalerweise tauchen diese Dinge ganz plötzlich auf und scheinen sehr heftig zu sein. Wenn du auf ein Problem stößt, das dich in Verlegenheit bringt und dich dein Gesicht verlieren lässt, wie wirst du dich dann verhalten? Wenn du ganz gelassen bleiben kannst, wenn du dies erreichen kannst, dann hast du deine Xinxing durch diese Schwierigkeit erhöht, und deine Kultivierungsenergie ist auch dementsprechend gewachsen. Wenn du ein wenig erreichst, bekommst du auch ein wenig. So viel du hergibst, so viel bekommst du. Wenn man in Schwierigkeiten gerät, kann man es nicht immer erkennen. Aber wir müssen versuchen, es zu erkennen, wir dürfen uns nicht mit den gewöhnlichen Menschen in einen Topf werfen. Bei Konflikten sollen wir eine großzügige Haltung einnehmen. Wir kultivieren uns unter den gewöhnlichen Menschen und sollen unsere Xinxing auch unter den gewöhnlichen Menschen stählen. Wir werden ein paar Mal straucheln, daraus können wir Lehren ziehen. Es ist unmöglich, dass man auf keine Schwierigkeit stößt und die Kultivierungsenergie auf angenehme Weise wachsen lässt.

3. "ZHEN, SHAN, REN" WERDEN GLEICHZEITIG KULTIVIERT

In unserer Schule werden "Zhen (Wahrhaftigkeit, das Wahre), Shan (Barmherzigkeit, Gutherzigkeit) und Ren (Nachsicht, Duldsamkeit)" gleichzeitig kultiviert. "Zhen" bedeutet, das Wahre zu sagen, das Wahre zu tun, zum Wahren, zum Ursprung zurückzukehren, und schließlich ein "wahrer Mensch" zu werden. "Shan" bedeutet, dass Barmherzigkeit entsteht und man wohltätig ist und Menschen erlöst. Das Ren wird besonders betont. Nur durch Ren kann man sich zu einem Menschen mit großer Tugend kultivieren. Ren ist etwas sehr Starkes, das über Zhen und Shan hinausgeht. Während des ganzen Kultivierungsprozesses musst du Nachsicht üben und deine Xinxing bewahren, du darfst nicht nach eigenem Belieben handeln.

Es ist nicht leicht, Nachsicht zu üben, wenn man auf irgendetwas stößt. Manche sagen: "Wenn man nicht zurückschlägt und nicht zurück schimpft, auch wenn man geschlagen oder beschimpft wird, und wenn man Nachsicht übt, auch wenn man unter den nahen Verwandten und guten Freunden das Gesicht verliert, ist das dann nicht wie der Ah-Q?" Ich sage, du verhältst dich in jeder Hinsicht ganz normal und deine Intelligenz ist auch nicht im geringsten niedriger als die der anderen; wenn du nur deine persönlichen Interessen sehr leicht nimmst, wird niemand sagen, dass du dumm bist. Nachsicht üben zu können, ist keine Feigheit und keine Haltung eines "Ah -Q", sondern ein Ausdruck von starkem Willen und Selbstbeherrschung. In der chinesischen Geschichte gab es einen Menschen namens Han Xin, der dadurch beleidigt wurde, dass er zwischen den Beinen eines anderen durchkroch. Das ist große Nachsicht. Ein alter Spruch sagt: "Wenn der Mann auf der Straße beleidigt wird, zieht er seinen Degen und erhebt sich." Wenn ein gewöhnlicher Mensch beleidigt wird, zieht er seinen Degen, schimpft und schlägt den anderen. Für einen Menschen ist es nicht so leicht, auf diese Welt zu kommen. Manche leben eben um der Ehre Willen, dafür lohnt es sich wirklich nicht; solch ein Leben ist zu mühsam. In China gibt es einen Satz: "Einen Schritt zurück, das Meer weit, der Himmel endlos." Wenn du Probleme hast und dann einen Schritt zurücktrittst, wirst du ein anderes Bild sehen.

Als Praktizierender sollst du gegenüber demjenigen, der mit dir in Konflikt gerät und dich in deiner Anwesenheit beleidigt, nicht nur Nachsicht üben und eine großzügige Haltung einnehmen, sondern ihm auch noch danken. Wenn er nicht mit dir in Konflikt geräte, wie könntest du dann deine Xinxing erhöhen und die schwarze Substanz durch das Ertragen von Leiden in die weiße Substanz umwandeln und wie könnte deine Kultivierungsenergie wachsen? In den Schwierigkeiten ist es für die Menschen sehr schwer, es auszuhalten. Aber du sollst dich unbedingt gut beherrschen. Denn die Schwierigkeiten nehmen mit dem Wachsen der Kultivierungskraft auch ständig zu. Es kommt nur darauf an, ob deine Xinxing sich erhöhen kann. Anfangs, wenn dich jemand ärgert, bist du vielleicht total verärgert und fühlst dich im Herzen sehr unwohl. Du bist so verärgert, dass du Magenschmerzen bekommst. Aber du hast deinem Ärger keinen freien Lauf gelassen und Nachsicht geübt. Dann ist das sehr gut, denn du hast mit der Nachsicht begonnen, du hast bewusst Nachsicht geübt. Allmählich wirst du deine Xinxing ständig erhöhen, du wirst diese Dinge wirklich leicht nehmen. Dann ist das eine noch größere Erhöhung. Gewöhnliche Menschen nehmen sich Konflikte und Kleinigkeiten zu stark zu Herzen. Sie leben um der Ehre Willen und können keine Nachsicht üben. Wenn sie gereizt sind, wagen sie alles zu tun. Aber, was in den Augen anderer sehr groß ist, ist in deinen Augen als Praktizierender sehr sehr klein, einfach zu klein. Denn du hast ein viel weiteres und großartigeres Ziel, du wirst so lange leben wie der Kosmos. Wenn du an jene Dinge zurückdenkst, wirst du bemerken, dass sie dir ganz unwichtig sind. Wenn du an etwas Großes denkst, kannst du alle jene Dinge überwinden.

4. DEN NEID BESEITIGEN

Neid ist ein äußerst großes Hindernis für das Praktizieren und hat einen sehr großen Einfluss auf die Praktizierenden. Er kann die Kultivierungskraft der Praktizierenden direkt beeinflussen. Aus Neid kann man den anderen Kultivierenden schaden. Neid kann unsere Kultivierung nach oben ernsthaft stören. Ein Praktizierender muss seinen Neid hundertprozentig beseitigen. Mancher hat beim Praktizieren eine gewisse Ebene erreicht, kann aber den Neid einfach nicht beseitigen. Außerdem, je länger er nichts gegen den Neid tut, desto stärker wird der Neid. Diese Art Gegenwirkung macht seine Xinxing, die er schon in jeder Hinsicht erhöht hat, sehr zerbrechlich. Warum komme ich speziell auf den Neid zu sprechen? Weil sich der Neid unter den Chinesen am stärksten und auffälligsten zeigt. In den Gedanken hat er einen großen Anteil, aber vielen ist das nicht bewusst. Im Osten ist der Neid etwas Spezielles. Er wird östlicher Neid oder asiatischer Neid genannt. Die Chinesen sind sehr introvertiert und zurückhaltend. Sie lassen sich so leicht nichts anmerken. So entsteht leicht der Neid. Alles hat zwei Seiten, die Introvertiertheit hat sowohl Vorteile als auch Nachteile. Die Westlichen sind relativ extravertiert. Ein Schulkind zum Beispiel hat in der Schule hundert Punkte bekommen. Voller Freude läuft es nach Hause und ruft dabei: "Ich habe hundert Punkte bekommen!" Die Nachbarn öffnen die Türen oder die Fenster und gratulieren ihm: "Gratuliere, Tom!" Sie freuen sich für das Kind. Wenn das aber in China geschieht, kann man sich schon vorstellen, was für eine starke Abneigung hervorgerufen wird, sobald man es hört: "Was ist denn daran schon besonderes, hundert Punkte zu bekommen? Was gibt es denn da anzugeben!" Die Reaktion ist ganz anders. Sie sind neidisch.

Ein neidischer Mensch schaut gerne auf andere herunter und kann es nicht dulden, wenn andere ihn übertreffen. Wenn er sieht, dass es den anderen besser geht, fühlt er sich im Inneren unausgeglichen. Er kann das nicht ertragen und seine Unterlegenheit nicht zugeben. Wenn andere den Lohn erhöht bekommen haben, muss sein Lohn auch erhöht werden. Wenn andere eine Prämie bekommen haben, muss er auch den gleichen Betrag haben. "Wenn der Himmel einstürzt, sollen ihn alle zusammen tragen." Sobald er sieht, dass andere mehr verdienen, wird er darauf eifersüchtig. Jedenfalls kann er es nicht dulden, wenn ihn jemand übertrifft. Manche haben Erfolg bei ihren wissenschaftlichen Forschungen, wagen aber nicht, die Prämien dafür anzunehmen, sie haben Angst vor dem Neid der anderen; manche werden mit einer Ehrung ausgezeichnet, wagen aber nicht, anderen davon zu erzählen, sie haben Angst vor dem Neid und Spott. Manche Qigong-Meister fühlen sich im Herzen unwohl, wenn sie sehen, dass andere Qigong-Meister Kurse geben, dann gehen sie hin und stiften Unordnung. Das ist eine Frage der Xinxing. Die Praktizierenden üben zusammen. Manch einer hat Qigong noch nicht lange geübt, aber schon Kultivierungsfähigkeiten bekommen. Und schon sagt jemand: "Er hat doch nichts Besonderes. Ich habe doch jahrelang Qigong praktiziert und habe einen ganzen Stapel von Abschlusszeugnissen bekommen. Ich habe noch keine Kultivierungsfähigkeit bekommen, wie kann der das dann schon bekommen?" So kommt der Neid hoch. Beim Praktizieren soll man bei sich selbst suchen, man soll mehr sich selbst kultivieren und die Ursachen bei sich selbst suchen. Wenn man es in irgendeiner Hinsicht nicht gut genug getan hat, soll man sich anstrengen, um sich zu erhöhen, man soll sich Mühe bei sich selbst geben. Wenn du dir immer Mühe für die anderen gibst, werden sich alle anderen gut kultivieren und nach oben kommen, du aber bleibst noch auf derselben Stelle. Ist dann für dich nicht alles umsonst gewesen? Bei der Kultivierung muss man doch sich selbst kultivieren!

Aus Neid kann einer auch noch den anderen Kultivierenden schaden. Er kann zum Beispiel etwas sagen, was nicht angenehm anzuhören ist, sodass das Herz anderer nicht zur Ruhe kommen kann; wenn er gewisse Kultivierungsfähigkeiten bekommen hat, kann er damit aus Neid den anderen Kultivierenden schaden. Ein sehr guter Kultivierender meditiert zum Beispiel. Weil er Kultivierungsenergie am Körper hatte, saß er dort wie ein Berg. Da flogen zwei vorbei. Einer war früher ein Mönch gewesen. Wegen des Neides hatte er sich nicht nach oben kultiviert. Obwohl er eine gewisse Kultivierungskraft hatte, hat er sich nicht erfolgreich kultiviert. Als sie an dem Meditierenden vorbeikamen, sagte der eine: "Das ist XY, der sich kultiviert. Machen wir einen Umweg!" Der andere sagte aber: "Ich habe einmal mit einem Hieb meiner Hand eine Ecke vom Tai-Berg abgehackt." Dann hob er die Hand und wollte auf den Praktizierenden einhacken. Als er aber die Hand hoch hob, konnte er sie nicht mehr bewegen. Denn der Praktizierende kultivierte das orthodoxe Fa und hatte einen Schutzschirm. So konnte er ihn nicht schlagen. Er wollte jemandem schaden, der das orthodoxe Fa kultivierte. Die Sache war sehr ernst und er wurde bestraft. Die Neidischen verletzen sowohl sich selbst als auch andere.

5. DEN EIGENSINN BESEITIGEN

Eigensinn bedeutet, dass die Praktizierenden sich an bestimmten Dingen oder einem bestimmten Ziel festhalten, nicht loslassen und übermäßig danach streben und nicht davon loskommen können, wobei sie auch noch sehr eigensinnig sind und auf keinen Rat hören. Manche trachten danach, auf dieser Welt einige Kultivierungsfähigkeiten zu bekommen. Das wird mit Sicherheit ihre Kultivierung zu hohen Ebenen beeinflussen. Je stärker dieser Wunsch ist, desto schwieriger ist es, darauf zu verzichten, und desto unausgeglichener und schwankender werden sie innerlich. Zum Schluss meinen sie, dass sie nichts bekommen haben. Sie werden sogar noch das, was sie erlernt haben, anzweifeln. Der Eigensinn entstammt den Begierden des Menschen. Seine Besonderheiten sind, dass seine Ziele sich offensichtlich innerhalb enger Grenzen bewegen und relativ klar und konkret sind; und normalerweise ist das dem Menschen selbst nicht Bewusst. Die gewöhnlichen Menschen haben viel Eigensinn. Um etwas zu bekommen oder irgendein Ziel zu erreichen, setzen sie alle erdenklichen Mittel ein. Der Eigensinn eines Praktizierenden zeigt sich aber auf andere Weise, zum Beispiel nach einer bestimmten Kultivierungsfähigkeit zu trachten, sich einem bestimmten Phänomen hinzugeben oder an einer bestimmten Erscheinung festzuhalten und so weiter. Ganz gleich, wonach du als Praktizierender auch trachtest, das ist nicht richtig. Dieser Eigensinn muss beseitigt werden. Im taoistischen System wird von der Nichtigkeit geredet, im buddhistischen System wird von der Leere geredet, in die Leere zu gehen. Letztlich sollen wir die Nichtigkeit und die Leere erreichen und allen Eigensinn ablegen. Alles, was du nicht aufgeben kannst, sollst du aufgeben. Zum Beispiel das Trachten nach den Kultivierungsfähigkeiten. Wenn du danach trachtest, bedeutet das, dass du sie verwenden willst. In Wirklichkeit läuft das den Eigenschaften unseres Kosmos zuwider, in Wirklichkeit ist das schließlich eine Frage der Xinxing. Wenn man etwas haben will, möchte er es sicherlich vor den anderen Menschen zur Schau stellen oder damit prahlen. Aber diese Dinge sind nicht dazu da, um damit vor anderen zu prahlen. Auch wenn du wegen eines sehr reinen Zweckes damit nur etwas Gutes tun willst, muss es nicht unbedingt eine gute Sache sein, wenn du es tust. Wenn du mit außergewöhnlichen Methoden in die Dinge der gewöhnlichen Menschen eingreifst, ist es nicht unbedingt eine gute Sache. Manche haben auf meinem Kurs gehört, dass bei siebzig Prozent der Kursteilnehmer das Himmelsauge geöffnet ist. Dann überlegten sie: "Warum habe ich nichts gespürt?" Beim Praktizieren der Übungen zu Hause konzentrierten sie sich auf das Himmelsauge, wobei sie sogar Kopfschmerzen bekamen. Trotzdem konnten sie zum Schluss nichts sehen. Das ist Eigensinn. Die körperliche Qualität eines jeden ist unterschiedlich, die Grundlage ist auch jeweils anders. Es ist unmöglich, dass alle gleichzeitig mit dem Himmelsauge sehen können, es ist auch unmöglich, dass sich das Himmelsauge auf derselben Ebene befindet. Manche können etwas sehen, manche nicht. Das alles ist normal.

Eigensinn kann die Kultivierungskraft des Praktizierenden stagnieren oder schwanken lassen. Im schlimmsten Fall kann er die Praktizierenden auf häretische Wege führen. Diejenigen mit einer schlechten Xinxing können besonders mit manchen Kultivierungsfähigkeiten etwas Schlechtes tun. Es gibt Beispiele dafür, dass jemand Schlechtes getan hat, weil seine Xinxing nicht solide war. Bei einem Studenten ist die Fähigkeit der Gedankenkontrolle aufgetaucht, wobei er mit seinem Denken die Gedanken und Taten anderer steuern konnte. Er benutzte diese Fähigkeit, um Schlechtes zu tun. Bei manchen sind einige Erscheinungen bei der Übung aufgetaucht und sie wollten genau sehen, was sie waren und was tatsächlich passiert war. Das ist auch Eigensinn. Manche haben bestimmte Vorlieben zu Süchten entwickelt, auf die sie nur sehr schwer verzichten können. Das ist auch Eigensinn. Die Grundlagen und die Zielsetzungen der Menschen sind verschieden; manche praktizieren, um ihre höchste Ebene zu erreichen, während manche andere praktizieren, nur um etwas zu bekommen. Der letzte Gedanke führt mit Sicherheit dazu, dass das Ziel des Praktizierens eingeschränkt wird. Wenn diese Art Eigensinn nicht beseitigt wird, kann ihre Kultivierungsenergie nicht wachsen, auch wenn sie Übungen machen. Deshalb sollen die Praktizierenden alle materiellen Interessen sehr sehr leicht nehmen, nach nichts trachten und bei allem dem natürlichen Lauf folgen. So kann vermieden werden, dass Eigensinn entsteht. Es kommt allein auf die Xinxing des Praktizierenden an. Wenn die Xinxing nicht von Grund auf erhöht wird und wenn auch nur ein einziger Eigensinn nicht beseitigt wird, kann man keinen Erfolg bei der Kultivierung haben.

6. KARMA

6.1 DIE ENTSTEHUNG DES KARMAS

Im Gegensatz zur Tugend ist Karma eine Art schwarzer Substanz. Im Buddhismus wird es böses Karma genannt; bei uns wird es Karma genannt. Etwas Schlechtes tun, nennt man Karma erzeugen. Karma entsteht durch die

Fehler, die man in diesem oder in einem seiner Vorleben begangen hat, zum Beispiel etwas getötet, jemanden schikaniert, die Vorteile anderer an sich gerissen, hinter dem Rücken über jemanden schlecht geredet und unfreundlich zu jemandem gewesen und so weiter, all das kann Karma erzeugen. Manches Karma wird von Vorfahren oder von nahen Verwandten und guten Freunden auf einen übertragen. Wenn einer mit der Faust einen anderen schlägt, wirft er dem Geschlagenen zugleich ein Stück weißer Substanz zu, und die dadurch frei gewordene Stelle an seinem Körper wird von der schwarzen Substanz gefüllt. Das Töten ist die größte Übeltat und die größte schlechte Tat, die das Karma sehr vermehrt. Das Karma ist eine der wichtigen Ursachen, die einen krank machen. Natürlich zeigt es sich nicht unbedingt in Form von Krankheit. Es kann auch gewisse Schwierigkeiten hervorbringen und so weiter. Das alles ist die Wirkung des Karmas. Deshalb dürfen die Praktizierenden keinesfalls Schlechtes tun, alle schlechten Taten werden schlechte Informationen erzeugen, die das Praktizieren ernsthaft beeinträchtigen.
Manche Menschen befürworten es, das Qi der Pflanzen zu sammeln. Sie bringen anderen auch in Kursen bei, wie man das Qi der Pflanzen sammeln soll. Mit großer Begeisterung erzählen sie, von welchen Bäumen das Qi gut ist und welche Farbe das Qi welches Baumes hat. In einem Park im Nordosten Chinas haben manche wer weiß was für ein Qigong geübt. Sie wälzten sich überall auf dem Boden herum. Als sie aufstanden, umkreisten sie die Kiefern und sammelten deren Qi. Nach einem halben Jahr war diese Gruppe von Kiefern verdorrt. Das ist eine Tat, die Karma erzeugt, das ist auch Töten! Sowohl aus der Sicht, das Land zu begrünen und das ökologische Gleichgewicht zu bewahren, als auch aus der Sicht hoher Ebenen ist es nicht gut, das Qi der Pflanzen zu sammeln. Der grandiose Kosmos ist grenzenlos, überall gibt es Qi für dich zu sammeln. Du kannst so viel Qi sammeln, wie du willst. Warum willst du das unbedingt den Pflanzen antun? Wo bleibt deine Barmherzigkeit als Praktizierender?

Alle Dinge haben Intelligenz. In der modernen Wissenschaft erkennt man schon, dass die Pflanzen nicht nur Leben, sondern auch Intelligenz, Gedanken und Gefühle haben, sondern sogar auch übersinnliche Fähigkeiten besitzen. Wenn dein Himmelsauge die Stufe des Fa-Auges erreicht hat, wirst du bemerken, dass die Welt ganz anders aussieht. Sobald du aus der Türe hinausgehst, sprechen die Steine, Mauern, Bäume und so weiter dich an. In jedem Gegenstand existiert ein Lebewesen, schon bei seiner Entstehung ist ein Lebewesen hineingegossen worden. Die Unterteilung in organische und anorganische Substanzen ist von den Menschen auf der Erde vorgenommen worden. Menschen im Tempel tut es leid, auch wenn sie eine Schale zerbrochen haben, denn wenn die Schale zerstört ist, wird jenes

Lebewesen freigesetzt. Wenn es seine Lebensspanne noch nicht abgeschlossen hat, kann es nirgendwo hingehen. Deshalb hasst es denjenigen sehr, der es getötet hat. Je stärker der Hass ist, desto größer wird das Karma dieses Menschen. Manche "Qigong-Meister" gehen sogar auf die Jagd. Wo bleibt da ihre Barmherzigkeit? Weder im buddhistischen noch im taoistischen System handeln die Menschen den himmlischen Gesetzen zuwider. Wenn sie so etwas tun, bedeutet das Töten.

Manche fragen, ob sie noch praktizieren können, weil sie viel Karma erzeugt haben, indem sie Hühner und Fische getötet oder Fische gefangen haben und so weiter. Es ist nicht so, wie sie denken. Das alles haben sie damals in Unwissenheit getan, und das hat kein großes Karma erzeugt. Es genügt schon, wenn sie so etwas später nie wieder machen. Wenn du es aber wieder tust, heißt das, dass du es gegen besseres Wissen tust, das ist dann nicht mehr erlaubt. Manche Lernende haben nun einmal diese Art Karma. Du bist zu diesem Kurs gegangen und das bedeutet, dass du eine Schicksalsverbindung hast und dich nach oben kultivieren kannst. Darf man Fliegen und Mücken erschlagen, wenn sie ins Zimmer eingedrungen sind? Wenn ihr es auf eurer jetzigen Ebene so macht und sie tötet, ist das nicht falsch. Wenn man sie nicht vertreiben kann und dann totschlägt, dann hat man sie halt totgeschlagen. Wenn etwas sterben soll, soll es natürlich sterben. Als Shakyamuni auf dieser Welt war, wollte er eines Tages baden und hieß seinen Schüler die Badewanne saubermachen. Der Schüler bemerkte, dass in der Badewanne Ungeziefer war. Da kam er zurück und fragte den Meister, was zu tun sei. Shakyamuni sagte noch einmal: "Was ich dir gesagt habe, ist, die Badewanne zu reinigen." Der Schüler hat es begriffen und die Badewanne saubergemacht. Manche Dinge sollst du nicht zu schwer nehmen. Wir wollen nicht, dass du ein übervorsichtiger Mensch wirst. Wenn du unter komplizierten Umständen immer sehr angespannt bist und Angst hast, auch nur irgendeinen kleinen Fehler zu machen, dann sage ich, dass das nicht geht. Das ist dann eine Art Eigensinn, Angst an sich ist Eigensinn.

Wir sollen ein barmherziges Herz haben. Wenn du jede Sache mit einem barmherzigen Herzen behandelst, werden nicht so leicht Probleme auftauchen. Wenn du deine persönlichen Interessen ein bisschen leicht nimmst und ein bisschen gutherziger bist, wirst du davon beeinflusst, egal was du machst, deshalb wirst du nichts Schlechtes tun. Wenn du das nicht glaubst, kannst du mal schauen: Wenn du immer zornig bist und immer mit anderen kämpfen und streiten willst, selbst wenn du eine gute Sache tun willst, wirst du sie verderben. Ich habe oft Menschen gesehen, die nie nachgaben, wenn sie recht hatten. Wenn sie das Recht auf ihrer Seite haben, dann nehmen sie dies unverzüglich als Vorwand, andere zu beschuldigen. Außerdem dürfen wir auch keine Zwietracht säen, wenn uns etwas nicht gefällt. Manchmal ist das, was dir nicht gefällt, nicht unbedingt falsch. Wenn du als Praktizierender deine Ebene ständig erhöhst, tragen deine Worte Energie an sich und beeinflussen die gewöhnlichen Menschen, deshalb darfst du nicht unverantwortlich reden. Ganz besonders, wenn du das Wahre der Dinge und ihren schicksalhaften Zusammenhang nicht sehen kannst, wirst du leicht etwas Schlechtes tun und dadurch Karma erzeugen.

6.2 DAS KARMA BESEITIGEN

Die weltlichen Grundsätze gleichen denen im Himmel: Was man anderen schuldet, muss zurückgezahlt werden. Auch die gewöhnlichen Menschen müssen das, was sie schulden, zurückzahlen. Alle Schwierigkeiten und Probleme, auf die du in deinem Leben stößt, sind die Folge deines Karmas, und du musst es zurückzahlen. Dir als einem wahren Kultivierenden wird der Lebensweg geändert, es wird erneut ein Weg eingerichtet, der für deine Kultivierung geeignet ist. Dein Karma wird zu einem Teil vom Meister abgetragen. Der Rest dient zur Erhöhung deiner Xinxing. Dieser Teil wird von dir durch das Praktizieren und die Kultivierung der Xinxing umgewandelt und beglichen. Alle Probleme, auf die du später stoßen wirst, sind nicht zufällig. Bitte sei geistig darauf vorbereitet. Du wirst auf Schwierigkeiten stoßen, um dadurch alle Dinge loszulassen, die die gewöhnlichen Menschen nicht loslassen können. Es werden dir viele Unannehmlichkeiten begegnen, in der Familie, in der Gesellschaft - in allen Bereichen können Probleme entstehen; oder dir stößt plötzlich irgendein Unglück zu; oder es gibt sogar Fälle, in denen du beschuldigt und unbegründet getadelt wirst, obwohl eigentlich jemand anderes Schuld ist und so weiter. Praktizierende sollten keine Krankheit haben, aber plötzlich bist du sehr krank, die Krankheit kommt sehr heftig, und das quält dich sehr. Bei der Untersuchung im Krankenhaus ist keine Krankheit festzustellen. Ohne den Grund zu kennen und ohne behandelt zu werden, bist du jedoch wieder gesund geworden. In Wirklichkeit hast du irgendeine Art Karma, die du verschuldet hast, auf diese Weise beglichen. Vielleicht wird eines Tages dein Ehepartner grundlos seine Wut an dir auslassen. Eine winzige Kleinigkeit kann schon einen schlimmen Streit auslösen. Hinterher versteht er auch nicht, was eigentlich los war. Als Praktizierender sollst du dir darüber im klaren sein, warum so etwas vorkommt. Es ist nun einmal so, dass es kommt und du dieses Karma zurückzahlen musst. In diesem Moment sollst du dich beherrschen, deine Xinxing bewahren, um dieses Problem zu lösen. Du sollst es zu schätzen wissen und ihm danken, dass er dir hilft, dein Karma zu beseitigen.

Wenn man für längere Zeit im Lotussitz meditiert, schmerzen die Beine, bei manchen Menschen tut es so weh, dass sie zu sterben meinen. Menschen mit dem Himmelsauge auf hohen Ebenen können sehen, dass sich ein großes Stück von einem schwarzen Ding sowohl im Inneren als auch im Äußeren des Körpers des Praktizierenden löst, wenn es sehr weh tut. Die Schmerzen beim Lotussitz kommen schubweise und nagen sehr stark am Herzen. Manche haben ein gutes Erleuchtungsvermögen und nehmen dann die Beine einfach nicht herunter. So wird die schwarze Substanz beseitigt und in weiße Substanz und dann in Kultivierungsenergie umgewandelt. Das Karma eines Praktizierenden kann nicht vollständig durch den Lotussitz und das Praktizieren beseitigt werden. Er muss auch noch seine Xinxing und sein Erleuchtungsvermögen verbessern und einige Schwierigkeiten durchstehen. Wichtig ist, dass wir gutherzig sind. Bei unserem Falun Gong taucht die Barmherzigkeit sehr früh auf. Vielen Praktizierenden kommen ohne Grund die Tränen, sobald sie sich zur Übung hinsetzen. Woran sie auch denken, sie fühlen sich traurig; egal wen sie auch sehen, sie finden, dass er leidet. Das heißt, ihre Barmherzigkeit ist entstanden und ihre ursprüngliche Natur und ihr wahres Selbst hat begonnen, sich mit den Eigenschaften des Kosmos "Zhen, Shan, Ren" zu verbinden. Wenn deine Gutherzigkeit aufgetaucht ist, wirst du sehr gütig mit allem umgehen. Schon auf den ersten Blick zeigst du dich sowohl im Inneren als auch im Äußeren sehr gutherzig. Jetzt wird dich niemand mehr schikanieren. Selbst wenn dich jemand wirklich schikaniert, wirst du wegen der Wirkung deiner großen Barmherzigkeit nicht zurückschlagen. Die Barmherzigkeit ist eine Macht, die dich dazu bringen kann, dich anders als gewöhnliche Menschen zu verhalten.

Wenn du auf Schwierigkeiten stößt, wird dir die Barmherzigkeit helfen, die Schwierigkeiten zu überwinden. Gleichzeitig behütet dich mein Fashen und er beschützt dein Leben, aber die Schwierigkeiten musst du selbst überwinden. Als ich zum Beispiel in der Stadt Taiyuan einen Kurs gab, wollte ein altes Ehepaar zu meinem Kurs kommen und überquerte voller Hast die Straße. Als sie mitten auf der Straße waren, raste ein Auto heran, erfasste die alte Frau und sie wurde über zehn Meter mitgeschleppt, dann stürzte sie zu Boden. Erst nach mehr als zwanzig Metern hielt das Auto an. Der Fahrer sprang aus dem Auto und sagte etwas Schlimmes. Der Beifahrer sagte auch nichts Gutes. Die alte Frau sagte aber gar nichts. In diesem Moment erinnerte sie sich an meine Worte. Nachdem sie aufgestanden war, sagte sie:

"Alles in Ordnung, alles in Ordnung. Es ist nichts passiert." Danach ging sie zusammen mit ihrem Mann zum Kurs. Wenn sie aber in jenem Moment gesagt hätte: "Oh weh, ich bin hier und da verletzt, bring mich ins Krankenhaus", dann wäre sie wirklich verletzt gewesen. Aber so hat sie es nicht gemacht. Später sagte diese alte Frau zu mir: "Lehrer, ich wusste, was los war. Das half mir, mein Karma zu beseitigen! Ich habe ein großes Unglück überstanden und ein großes Stück Karma beseitigt." Ihr Verhalten zeigte, dass ihre Xinxing und ihr Erleuchtungsvermögen sehr gut sind. In diesem Alter, bei so einem Tempo wurde sie so weit mitgeschleppt und dann stürzte sie noch kräftig zu Boden, doch sie ist einfach aufgestanden. Ihr Herz war sehr aufrichtig.

Wenn die Schwierigkeiten kommen, scheinen sie manchmal sehr groß zu sein und man findet einfach keinen Ausweg, egal wie sehr man sich den Kopf zerbricht. Aber ein paar Tage später ist vielleicht plötzlich ein Ausweg da, plötzlich hat die Sache eine große Wendung genommen. In Wirklichkeit ist es so, dass sich unsere Xinxing erhöht und sich diese Sache dann auf natürliche Weise auflöst.

Um die geistige Ebene zu erhöhen, musst du die Prüfungen bei verschiedenen Schwierigkeiten in der Welt bestehen. Wenn sich deine Xinxing inzwischen wirklich erhöht und stabilisiert hat, ist dein Karma beseitigt; deine Schwierigkeiten sind weg und deine Kultivierungsenergie wächst auch. Wenn du die Xinxing bei der Prüfung der Xinxing nicht bewahren kannst und etwas Falsches getan hast, sollst du die Zuversicht nicht verlieren. Du sollst von dir aus Lehren daraus ziehen und herausfinden, woran es liegt, und dich um "Zhen, Shan, Ren" bemühen. Die nächste Schwierigkeit, um deine Xinxing zu prüfen, wird vielleicht gleich danach kommen. Mit der Erhöhung der Kultivierungskraft kommt das Stählen, um die Xinxing zu prüfen, vielleicht immer heftiger und immer plötzlicher. Jedes Mal, wenn du einen Pass überwunden hast, wächst deine Kultivierungskraft ein bisschen; wenn du den Pass nicht überwinden kannst, stagniert deine Kultivierungsenergie. Bei einer kleinen Prüfung wächst sie nur wenig; bei einer großen Prüfung wächst sie sehr. Ich hoffe, dass jeder Praktizierende bereit ist, große Leiden zu ertragen, und dass er die Entschlossenheit und eine starke Willenskraft hat, sich großen Schwierigkeiten auszusetzen. Ohne etwas herzugeben, ist keine echte Kultivierungsenergie zu bekommen. Es ist unmöglich, die Kultivierungsenergie zu bekommen, ohne etwas herzugeben und Leiden zu ertragen. Wenn die Xinxing nicht gründlich verbessert wird, wenn auch nur ein einziger Eigensinn übrigbleibt, kann man sich nicht zum Erleuchteten kultivieren.

7. DAS HERBEIFÜHREN VON DÄMONEN

"Dämonen herbeiführen" bezieht sich auf Erscheinungen oder Phänomene, die während des Praktizierens auftauchen und die die Praktizierenden beim Praktizieren stören. Sie dienen dazu, die Praktizierenden an der Kultivierung zu hohen Ebenen zu hindern. Man kann auch sagen, dass die Dämonen dadurch Schulden eintreiben.

Wenn einer sich bis zu hohen Ebenen kultiviert hat, wird er mit Sicherheit auf das Problem "Dämonen herbeiführen" stoßen. Es ist unvermeidlich, dass einer selbst oder seine Vorfahren etwas Schlechtes getan haben, und dieses Schlechte wird als Karma bezeichnet. Ob die Grundlage eines Menschen gut ist oder nicht, entscheidet, wie viel Karma er an sich hat. Selbst bei einem sehr guten Menschen ist es unmöglich, dass er kein Karma hat. Du kannst das nicht wahrnehmen, weil du dich nicht kultivierst. Wenn du nur deine Krankheiten beseitigst und dich gesund erhältst, kümmert sich kein Dämon um dich. Sobald du dich zu hohen Ebenen kultivierst, wird er sich um dich kümmern, um dich an der Kultivierung zu hohen Ebenen zu hindern, sodass dir die Kultivierung misslingt. Die Erscheinungsformen der Dämonen sind unterschiedlich. Manche tauchen als Erscheinungen unseres Alltagslebens auf. Manche stören in Form von Informationen, die aus anderen Räumen kommen, sodass du von irgendetwas gestört wirst und nicht zur Ruhe kommen kannst, sobald du dich zur Übung hinsetzt. Dann kannst du dich nicht zu hohen Ebenen kultivieren; wenn du im Lotussitz meditierst, ist es manchmal so, dass du sofort schlafen willst oder viele Gedanken durch deinen Kopf gehen, sodass du nicht in den Zustand des Übens eintreten kannst; manchmal kommt es vor, dass die bisher ganz ruhige Umgebung sich plötzlich verändert, sobald du die Übungen praktizierst. Plötzlich sind laute Schritte zu hören, Türknallen, Autos hupen, das Telefon klingelt, alle möglichen Geräusche tauchen auf, sodass du nicht zur Ruhe kommen kannst.

Eine andere Art von Dämon ist der Erotik-Dämon. Wenn du im Lotussitz meditierst oder träumst, wird vor dir ein schöner Mann oder eine schöne Frau erscheinen, die versuchen, dich zu sich zu locken und zu verführen, indem sie aufreizende Bewegungen machen, um deine Gier nach Erotik zu erregen. Wenn du das beim ersten Mal nicht überwinden kannst, wird die Störung eskalieren, der Dämon wird dich so lange locken, bis du auf den Gedanken verzichtest, dich zu hohen Ebenen zu kultivieren. Dieser Pass ist sehr schwer zu überwinden, nicht wenige Praktizierende haben deswegen auf halbem Wege ihre Kultivierung aufgegeben. Ich hoffe, dass ihr darauf geistig vorbereitet seid. Wenn du deine Xinxing nicht gut genug bewahrst und es beim ersten Mal nicht geschafft hast, dann musst du daraus ernstlich eine Lehre ziehen. Der Dämon wird dich mehrmals stören, bis du deine Xinxing wirklich bewahren kannst und ganz auf diese Art Eigensinn verzichtest. Das ist ein großer Pass, den man überwinden muss, sonst kann man das Tao nicht erreichen und sich erfolgreich kultivieren.

Eine andere Art Dämon zeigt sich in folgender Form: Beim Praktizieren der Übungen oder im Traum sieht einer plötzlich sehr deutlich irgendwelche schrecklichen Gesichter, die sehr böse und realistisch aussehen; manche davon wollen ihn mit einem Messer töten, können ihn jedoch nur erschrecken; auch wenn sie versuchen, ihn zu erstechen, können sie das nicht, weil der Meister schon einen Schutzschirm außerhalb des Körpers des Praktizierenden gesetzt hat. Sie erschrecken den Praktizierenden, um ihn vom Praktizieren der Übungen abzuhalten. Diese Dinge treten jedoch nur auf einer bestimmten Ebene und in einer bestimmen Phase auf und gehen sehr schnell vorbei. Es kann ein paar Tage, eine Woche oder einige Wochen dauern. Es hängt nur davon ab, wie hoch deine Xinxing ist und wie du diese Sache betrachtest.

8. GRUNDLAGE UND ERLEUCHTUNGSVERMÖGEN

Die Grundlage bezieht sich auf die weiße Substanz, also die sichtbare Tugend-Substanz, die ein Mensch bei der Geburt mitgebracht hat. Wer viel davon hat, dessen Grundlage ist mit Sicherheit gut. Für einen Menschen mit einer guten Grundlage ist es leicht, zum Wahren zurückzukehren und das Tao zu erkennen, weil ihn auf geistiger Ebene nichts daran hindert. Sobald er vom Lernen des Qigong oder von der Kultivierung hört, zeigt er Interesse und will es gerne lernen. Er ist in der Lage, Kontakt mit dem Kosmos aufzunehmen. So wie Laotse sagte: "Hört ein edler Mensch das Tao, handelt er danach mit Fleiß; hört ein durchschnittlicher Mensch das Tao, nimmt er es halb an, halb zweifelt er; hört ein unedler Mensch das Tao, lacht er lauthals darüber, würde er nicht darüber lachen, so wäre es auch nicht das Tao." Diejenigen, die leicht zum Wahren zurückkehren und das Tao erkennen können, gehören zu "den edlen Menschen". Dagegen bildet sich außerhalb des Körpers eines Menschen, der viel schwarze Substanz und eine schlechte Grundlage hat, eine Art Hindernis, das ihn daran hindert, das Gute anzunehmen. Wenn er mit dem Guten in Kontakt kommt, lässt das Hindernis ihn nicht daran glauben. In Wirklichkeit ist das die Wirkung des Karmas.

Wenn man über die Grundlage spricht, kommt man mit Sicherheit auf die Frage des Erleuchtungsvermögens zu sprechen. Wenn von der Erleuchtung die Rede ist, halten manche Menschen sie für Klugheit. Diejenigen, die in den Augen der gewöhnlichen Menschen klug und schlitzohrig sind, sind einfach zu weit von der Kultivierung entfernt, über die wir reden. Es ist für diese Art kluger Menschen normalerweise nicht leicht, zur Erleuchtung zu kommen, sie legen nur Wert auf die reale materielle Welt. Sie wollen nie den Kürzeren ziehen und lassen sich keinen Vorteil entgehen. Und dann gibt es noch einzelne Menschen, die sich einbilden, dass sie großes Wissen, viele Erkenntnisse haben und sehr klug sind. Sie halten die Kultivierung für ein Märchen. Beim Praktizieren wird die Xinxing kultiviert, und das ist für sie nicht vorstellbar. Sie meinen, dass alle Praktizierenden dumm und abergläubisch seien. Die Erleuchtung, die wir meinen, bezieht sich nicht auf die Klugheit, sondern darauf, dass die menschliche Natur zum Wahren zurückkehrt und dass man ein guter Mensch wird und den kosmischen Eigenschaften entspricht. Die Grundlage bestimmt das Erleuchtungsvermögen eines Menschen. Wenn die Grundlage gut ist, ist das Erleuchtungsvermögen auch gut. Die Grundlage bestimmt das Erleuchtungsvermögen, das Erleuchtungsvermögen wird aber auch wiederum nicht ganz durch die Grundlage bestimmt. Wie gut die Grundlage eines Menschen auch sein mag, es geht nicht, wenn sein Verständnis schlecht ist und er es nicht erkennen kann. Die Grundlage mancher Menschen ist zwar nicht sehr gut, aber ihr Erleuchtungsvermögen ist gut. So können sie sich nach oben kultivieren. Bei uns geht es um die umfassende Erlösung aller Wesen, wir schauen auf das Erleuchtungsvermögen und nicht auf die Grundlage. Du hast zwar viel Schlechtes an dir, aber solange du dazu entschlossen bist, dich nach oben zu kultivieren, wenn dieser Gedanke bei dir entsteht, ist das in Wirklichkeit schon eine aufrichtige Gesinnung. Wenn du diesen Gedanken hast, musst du nur ein bisschen mehr hergeben als andere. Letztendlich kannst auch du dich erfolgreich kultivieren.

Der Körper eines Praktizierenden ist schon rein geworden. Nachdem die Kultivierungsenergie entstanden ist, wird der Körper nie mehr krank, weil es die hochenergetischen Substanzen im Körper nicht erlauben, dass die schwarze Substanz weiter da bleibt. Manche jedoch glauben das einfach nicht und meinen immer, dass sie Krankheiten haben. Sie sagen: "Warum fühle ich mich so unwohl?" Wir sagen, dass das, was du bekommen hast, Kultivierungsenergie ist. Du hast so etwas Gutes bekommen, wie kannst du dich wohl fühlen? Bei der Kultivierung musst du eben dementsprechend etwas hergeben. In Wirklichkeit ist das nur etwas Äußerliches und kann deinen Körper überhaupt nicht beeinflussen. Es sieht wie eine Krankheit aus, ist es aber überhaupt nicht. Es kommt einzig auf deine eigene Erleuchtung an. Die Praktizierenden müssen nicht nur die Leiden im Leiden ertragen können, sondern auch ein gutes Erleuchtungsvermögen haben. Wenn manche auf Probleme stoßen, versuchen sie nicht, ihren Sinn zu erkennen. Hier rede ich über hohe Ebenen und darüber, wie man sich den hohen Maßstäben entsprechend fordern soll, sie aber betrachten sich immer noch als gewöhnliche Menschen. Beim Praktizieren können sie sich noch nicht einmal in den Zustand eines wahren Praktizierenden versetzen und glauben auch nicht, dass sie auf hohen Ebenen sein können.

Wenn auf hohen Ebenen von Erleuchtung geredet wird, bezieht sich das darauf, zur Erleuchtung zu kommen. Erleuchtung wird in plötzliche Erleuchtung und allmähliche Erleuchtung unterteilt. Plötzliche Erleuchtung bezieht sich darauf, dass sich einer während des ganzen Kultivierungsprozesses in einem verschlossenen Zustand befindet. Wenn er den ganzen Verlauf der Kultivierung hinter sich gebracht hat und seine Xinxing sich erhöht hat, werden alle seine Kultivierungsfähigkeiten im letzten Augenblick mit einer Sprengung freigesetzt und sein Himmelsauge wird in diesem Augenblick auf der höchsten Ebene geöffnet. Sein Denken kann mit hohen Lebewesen aus anderen Räumen in Berührung kommen. Auf einmal sieht er das wahre Antlitz verschiedener Einheitswelten von verschiedenen Räumen des ganzen Kosmos und kann sich mit ihnen in Verbindung setzen. Er kann seine mächtigen göttlichen Fähigkeiten entfalten. Es ist am schwierigsten, den Weg der plötzlichen Erleuchtung zu gehen. In jedem Zeitalter wurden nur Menschen mit sehr guter Grundlage als Schüler ausgewählt, und der Kultivierungsweg wurde nur an einen einzigen Nachfolger überliefert. Normale Menschen können das nicht ertragen! Ich bin den Weg der plötzlichen Erleuchtung gegangen.

Was ich euch jetzt weitergebe, gehört zur allmählichen Erleuchtung. Während der Kultivierung tauchen die Kultivierungsfähigkeiten auf, die auftauchen sollen. Das bedeutet aber wiederum nicht unbedingt, dass dir diese Kultivierungsfähigkeiten zum Gebrauch gegeben werden, wenn sie aufgetaucht sind. Wenn deine Xinxing noch nicht eine gewisse Ebene erreicht hat und du dich nicht beherrschen kannst und leicht Schlechtes tust, werden dir vorläufig die Kultivierungsfähigkeiten nicht zum Gebrauch gegeben, aber schließlich werden sie dir gegeben. Deine Ebene wird sich durch die Kultivierung allmählich erhöhen und du wirst die Wahrheit des Kosmos allmählich erkennen. So wie bei der plötzlichen Erleuchtung wirst du zum Schluss zur Vollendung kommen. Es ist leichter, den Weg der allmählichen

Erleuchtung zu gehen. Dabei gibt es keine Gefahr. Das Schwere daran ist, dass du den ganzen Kultivierungsprozess siehst, und so sollst du noch strengere Anforderungen an dich stellen.

9. DAS REINE HERZ

Bei den Übungen können manche nicht zur Ruhe kommen. Sie suchen nach Methoden, zur Ruhe zu kommen. Mancher fragte mich: Lehrer, warum kann ich bei den Übungen nicht zur Ruhe kommen? Kannst du mir irgendwelche Methoden oder Techniken beibringen, damit ich im Lotussitz zur Ruhe kommen kann? Ich sagte: Wie kannst du zur Ruhe kommen! Auch wenn dir eine Gottheit irgendwelche Methoden beibringen würde, könntest du nicht zur Ruhe kommen. Warum? Weil dein Herz nicht rein und ruhig ist. Der Mensch lebt in dieser Gesellschaft. Du hältst an verschiedenen Gefühlen und Begierden, persönlichen Interessen aller Bereiche und sogar an denen deiner Verwandten und Freunden fest. Der Anteil solcher Dinge in deinem Kopf ist zu groß, ihr Stellenwert ist sehr hoch, kannst du dann bei der Meditation zur Ruhe kommen? Selbst wenn du versuchst, sie zu unterdrücken, kommen sie von selbst hoch.

Bei den Kultivierungsmethoden des Buddhismus wird von "Gebot, Meditation und Weisheit" geredet. "Gebot" bedeutet, dass man alles, woran man festhält, aufgeben soll. Manche verwenden die Methode, den Namen des Buddhas zu rezitieren. Beim Rezitieren muss man sich sehr konzentrieren, sodass alle anderen Gedanken durch einen Gedanken ersetzt werden. Das ist jedoch eine Art Fähigkeit und keine Methode. Wenn du das nicht glaubst, kannst du es mal ausprobieren. Während du den Namen des Buddhas rezitierst, kommen garantiert andere Gedanken wieder hoch. Früher mussten die Lamas im tibetischen Lamaismus den Namen des Buddhas täglich einige hunderttausend Male rezitieren, und das eine Woche lang. Danach wussten sie nicht mehr, wo ihnen der Kopf stand. Zum Schluss blieb ihnen nichts mehr im Kopf und alle anderen Gedanken waren durch einen Gedanken ersetzt. Das ist eine Art Fähigkeit, du kannst das nicht unbedingt. In manchen Kultivierungswegen werden dir auch Methoden beigebracht, die Gedanken auf das Elixierfeld zu konzentrieren, zu zählen oder den Blick auf gewisse Dinge zu konzentrieren und so weiter. In Wirklichkeit kann dich all dies nicht zur absoluten Ruhe bringen. Die Praktizierenden sollen ein reines und ruhiges Herz haben, persönliche Interessen nun mal aufgeben und die Habgier loslassen.

Ob einer zur Ruhe kommen und sich in die Meditation versenken kann, spiegelt die Höhe seiner Fähigkeit und seiner Ebene wider. Wenn einer sofort nach dem Hinsetzen zur Ruhe kommen kann, dann ist das eine Verkörperung seiner Ebene. Es macht nichts, wenn du jetzt noch nicht zur Ruhe kommen und dies nicht erreichen kannst. Du kannst das während der Kultivierung schon langsam erreichen. Die Xinxing erhöht sich langsam, die Kultivierungsenergie wächst langsam. Wenn man die persönlichen Interessen und Begierden nicht leicht nimmt, kann die Kultivierungsenergie nicht wachsen.

Praktizierende sollen sich jederzeit den hohen Maßstäben entsprechend fordern. Es gibt keinen Moment, in dem die Praktizierenden nicht von den verschiedenen komplizierten Erscheinungen der Gesellschaft, von den vielen niedrigen und ungesunden Dingen und von den verschiedenen Gefühlen und Begierden gestört werden. Was im Fernsehen, im Kino und in den literarischen Werken verbreitet wird, führt dich dazu, ein Starker unter den gewöhnlichen Menschen werden zu wollen und ein noch realistischerer gewöhnlicher Mensch zu sein. Je weniger du dich aus diesen Dingen heraushalten kannst, desto weiter entfernt bist du von dem geistigen Niveau und der Xinxing eines Praktizierenden und desto weniger Kultivierungsenergie wirst du bekommen. Ein Praktizierender soll möglichst wenig oder gar nicht mit den niedrigen und ungesunden Dingen in Kontakt kommen. Er soll so etwas beim Schauen nicht sehen, beim Horchen nicht hören und sich nicht von anderen bewegen lassen; das Herz soll unbewegt bleiben. Ich sage oft, dass das Herz der gewöhnlichen Menschen mich nicht berühren kann. Wenn jemand gut über mich redet, freue ich mich nicht; wenn jemand mich beschimpft, ärgere ich mich auch nicht. Ganz gleich, wie schlimm die Störungen sind, die unter den Menschen beziehungsweise unter den gewöhnlichen Menschen auftauchen und die sich auf die Xinxing beziehen, sie haben keine Wirkung auf mich. Ein Praktizierender soll alle Interessen, die er sich angeeignet hat, sehr leicht nehmen und sich nichts zu Herzen nehmen. Erst dann ist sein Herz, das Tao zu erkennen, herangereift. Wenn du nicht mehr nach Ruhm und persönlichen Interessen strebst, wenn Ruhm, persönliche Interessen und gesellschaftliche Position für dich gleichgültig sind, wirst du keinen Kummer, keinen Ärger mehr haben und dich psychisch immer in einem ausgeglichenen Zustand befinden. Wenn du alles loslassen kannst, wirst du auf natürliche Weise rein und ruhig.

Ich habe euch das Dafa (großes Fa) erklärt, die fünf Übungen habe ich euch beigebracht und euren Körper in Ordnung gebracht. Ich habe das "Falun" und die "Qi-Mechanismen" an euren Körper gesetzt. Meine Fashen werden euch auch noch beschützen. Alles, was ich euch geben sollte, habe ich euch gegeben. Während des Kurses hängt es von mir ab, von nun an kommt es auf euch an. "Der Meister führt durch die Türe, die Kultivierung hängt von einem selbst ab." Solange ihr das Dafa gründlich studiert und versucht, es mit Leib und Seele zu erkennen, wenn ihr eure Xinxing jederzeit bewahrt, euch fleißig und wirklich kultiviert, die Leiden im Leiden ertragen und Unerträgliches ertragen könnt, dann denke ich, dass ihr mit Sicherheit den Erfolg bei der Kultivierung erzielen werdet.

KULTIVIERUNG,
ES GIBT WEGE,
HERZ DER PFAD
DAFA GRENZENLOS,
BITTERNIS DAS
SCHIFF.

Kapitel 4 Weitere Besonderheiten der Kultivierungsübungen

Falun Fofa ist eine große Kultivierungsmethode der buddhistischen Schule auf hoher Ebene, deren Grundlage die Angleichung an die höchsten Eigenschaften des Kosmos "Zhen, Shan und Ren" ist. Angeleitet von den höchsten kosmischen Eigenschaften kultiviert man sich im Falun Fofa nach den Entwicklungsprinzipien des Kosmos. Daher kultivieren wir eine große Methode und gehen einen großen Weg.

Falun Fofa ist direkt auf das Menschenherz gerichtet. Damit wird deutlich, dass die Kultivierung der Xinxing das Entscheidende für das Anwachsen der Kultivierungsenergie ist. Wie hoch die Xinxing eines Menschen ist, so hoch ist auch seine Kultivierungsenergie. Das ist eine absolute Wahrheit des Kosmos. Die Xinxing umfasst die Umwandlung von Tugend und Karma; sie beinhaltet auch den Verzicht auf alle Arten von Begierden und Eigensinn eines gewöhnlichen Menschen, zudem umfasst sie das Durchhaltevermögen beim Leiden im Leiden. Darüber hinaus schließt sie noch viele andere Aspekte ein, die zur Erhöhung der Kultivierungsebene zu entwickeln sind.

Die Kultivierung des Körpers ist ebenfalls Bestandteil von Falun Fofa. Sie läßt sich durch die Übungen des großen Weges zur Vollendung, das zum hohen buddhistischen Dafa gehört, erreichen. Die Kultivierungsübungen dienen einerseits dazu, die Kultivierungsfähigkeiten und den Energiemechanismus durch die starke Kultivierungskraft zu verstärken, damit die Kultivierung eines Menschen durch das Fa erzielt werden kann. Andererseits werden dabei viele Lebewesen im Körper kultiviert. Auf hoher Ebene werden das Urkind, das heißt der Buddha-Körper, und viele Dinge, die zu bestimmten Techniken gehören, entstehen. Sie sollen durch die Übungen entwickelt werden. Die körperlichen Übungen sind ein Bestandteil unserer harmonischen Kultivierungsmethode zur Erlangung der Vollendung. Dies ist eine vollständige Kultivierungsmethode, bei der sowohl der Körper als auch der Geist kultiviert wird. Deswegen wird diese Kultivierungsmethode auch als "Der große Weg zur Vollendung" bezeichnet. So verlangt unser Dafa sowohl die geistige Kultivierung als auch die körperlichen Übungen. Die geistige Kultivierung hat Vorrang vor den körperlichen Übungen. Wenn man nur die Übungen praktiziert, ohne die Xinxing zu kultivieren, vermehrt sich die Kultivierungsenergie nicht. Wenn man sich aber nur geistig kultiviert, ohne die Übungen zu praktizieren, wird die Kultivierungskraft ebenfalls gehemmt. Außerdem kann der Benti nicht geändert werden.

Damit noch mehr Menschen mit Schicksalsverbindung und diejenigen, die sich jahrelang ohne Erfolg kultiviert haben, das Fa erhalten, und damit sie sich von Anfang an auf einer hohen Ebene kultivieren, ihre Kultivierungskraft rasch entwickeln und die Vollendung erreichen können, verbreite ich ein Dafa zur Kultivierung zum Buddha, das ich vor unzählbaren Jahren bezeugt und erkannt habe. Bei dieser Harmonie schaffenden, erleuchtenden und Weisheit bringenden Methode sind die Übungen leicht zu praktizieren. Der große Weg ist am einfachsten und leichtesten.

Die Kultivierung des Falun Fofa hat das Falun als Mittelpunkt. Das Falun ist ein sich drehendes intelligentes Wesen von hochenergetischer Substanz. Das von mir im Unterbauchbereich des Kultivierenden eingesetzte Falun dreht sich täglich ununterbrochen 24 Stunden lang, um ihm automatisch zu helfen. (Wahre Kultivierende können auch Falun bekommen, wenn sie meine Bücher lesen, sich das Video oder die Kassetten von meinem Vortrag über das Fa ansehen oder anhören oder wenn sie die Übungen bei den Dafa-Schülern lernen.) Das heißt, selbst wenn man nicht ständig die Übungen praktiziert, wird man pausenlos vom Falun geläutert. Unter allen Kultivierungsschulen, die heute auf der Welt verbreitet sind, ist diese Methode die einzige, die die Läuterung des Menschen durch das Fa ermöglicht.

Das sich drehende Falun besitzt dieselben Eigenschaften wie der Kosmos. Es ist eine Miniatur des Kosmos. Im Falun spiegeln sich das buddhistische Dharmarad, das taoistische Yin-Yang und alle Aspekte der "Welt der zehn Himmelsrichtungen". Wenn sich das Falun nach innen (im Uhrzeigersinn) dreht, nimmt es in großer Menge Energie vom Kosmos auf und wandelt sie in Kultivierungsenergie um. Das dient zur Erlösung der Praktizierenden selbst. Wenn sich das Falun nach außen (gegen den Uhrzeigersinn) dreht, gibt es Energie ab, berichtigt alle nicht normalen Zustände und erlöst andere Menschen. Alle Menschen in der Nähe eines Falun-Dafa-Kultivierenden werden davon profitieren.

Falun Dafa ermöglicht dem Praktizierenden, sich den höchsten Eigenschaften des Kosmos - Zhen, Shan und Ren - anzugleichen. Es unterscheidet sich grundsätzlich von allen anderen Schulen. Der Unterschied zeigt sich durch die folgenden acht Besonderheiten:

1. Ein Falun wird kultiviert, kein Elixier wird geläutert oder gebildet

Das Falun, das dieselben Eigenschaften wie der Kosmos besitzt, ist ein sich drehendes intelligentes Wesen von hochenergetischer Substanz. Es nimmt die Energie vom Kosmos auf, verarbeitet sie in Kultivierungsenergie, während es sich ununterbrochen im Unterbauchbereich des Kultivierenden dreht. Das Kultivieren im Falun Dafa ermöglicht das besonders schnelle Anwachsen und Öffnen der Kultivierungsenergie. Menschen, die seit Tausenden von Jahren das Tao kultiviert haben, streben ebenfalls nach diesem Falun, aber sie bekommen es nicht. Sämtliche Schulen, die zurzeit populär und verbreitet sind, schlagen einen alchimistischen Weg ein, bei dem Elixier gebildet werden. Man bezeichnet sie als alchimistisches Qi Gong. Für die Praktizierenden des alchimistischen Qi Gong ist es sehr schwierig, zu Lebzeiten zur Erleuchtung und zur Öffnung der Kultivierungsenergie zu gelangen.

2. Das Falun läutert den Menschen, auch wenn er die Übungen in diesem Augenblick nicht praktiziert

Ein Kultivierender muss arbeiten, lernen, essen, schlafen etc, so kann er die Übungen nicht 24 Stunden am Tag praktizieren. Aber das Falun dreht sich ununterbrochen. Es hilft dem Praktizierenden 24 Stunden am Tag bei der Kultivierung. Deswegen werden die Praktizierenden ununterbrochen vom Falun geläutert, selbst wenn sie nicht ständig die Übungen praktizieren. Kurz gesagt: Das Fa läutert den Menschen, auch wenn er die Übung in diesem Augenblick nicht praktiziert. Keine der Kultivierungsmethoden, die jetzt auf der Welt verbreitet sind, kann den Konflikt zwischen Arbeits- und Übungszeit lösen. Falun Dafa ist die einzige Schule, die dieses Problem gelöst hat. Falun Dafa ermöglicht die Kultivierung des Menschen durch das Fa.

3. DAS HAUPTBEWUSSTSEIN WIRD KULTIVIERT, DER PRAKTIZIERENDE SELBST BEKOMMT DIE KULTIVIERUNGSENERGIE

Falun Dafa zielt darauf ab, das Hauptbewusstsein eines Praktizierenden zu kultivieren. Es wird gefordert, dass der Praktizierende ganz bewusst sein eigenes Herz kultiviert, auf alle Arten von Eigensinn verzichtet und die eigene Xinxing erhöht. Bei den Übungen des Großen Weges zur Vollendung dürfen die Praktizierenden nicht geistesabwesend sein oder sich selbst vergessen. Die Übungen müssen jederzeit vom Hauptbewusstsein geleitet werden. Auf diese Weise wächst die durch die Kultivierung entstandene Kultivierungsenergie auch am eigenen Körper. Der Praktizierende selbst bekommt die Kultivierungsenergie; er kann sie für sich mitnehmen. Das Wertvolle des Falun Dafa liegt eben darin, dass der Praktizierende selbst die Kultivierungsenergie erhält.

Bei allen anderen Schulen, die seit Tausenden und aber Tausenden von Jahren unter den gewöhnlichen Menschen verbreitet sind, wird das Nebenbewusstsein kultiviert. Dabei dienen der Körper und das Hauptbewusstsein eines Praktizierenden nur als Träger. Bei der Vollendung steigt das Nebenbewusstsein mit der Kultivierungsenergie auf höhere Ebenen empor, wobei das Hauptbewusstsein und der Benti leer ausgehen. Für sie ist die lebenslange Kultivierung umsonst gewesen. Wenn man aber das Hauptbewusstsein kultiviert, bekommt das Nebenbewusstsein auch seinen Teil. Das Nebenbewusstsein wird selbstverständlich mit erhöht.

4. KÖRPER UND GEIST WERDEN GLEICHZEITIG KULTIVIERT

Mit der geistigen Kultivierung durch Falun Dafa ist die Kultivierung der Xinxing gemeint. Sie sollte an erster Stelle stehen. Die Kultivierung der Xinxing ist entscheidend für das Wachsen der Kultivierungsenergie. Das bedeutet, dass die Kultivierungsenergie, welche die Kultivierungsebenen bestimmt, nicht durch die körperlichen Übungen entsteht, sondern durch die Kultivierung der Xinxing. Wie hoch die Xinxing ist, so hoch ist auch die Kultivierungsenergie. Die Xinxing im Falun Dafa beinhaltet viel mehr als die Tugend. Sie schließt die Tugend ein, hat aber noch einen vielfältigeren Inhalt. Die Kultivierung des Körpers durch Falun Dafa ist ein Weg zur Langlebigkeit. Durch die körperlichen Übungen wird der Benti verändert. Der Benti wird nicht zurückgelassen. Das Hauptbewusstsein vereinigt sich mit dem physischen Körper, und sie gelangen als eine Einheit zur Vollendung. Bei der Kultivierung des Körpers werden die Bestandteile der Körpermoleküle grundsätzlich verändert. Die Bestandteile der Zellen werden durch hochenergetische Substanzen ersetzt. Der Körper setzt sich dann aus der Materie anderer Räume zusammen. Dadurch wird der Praktizierende immer jung bleiben. Falun Dafa löst das grundlegende Problem; daher ist Falun Dafa ein wirklicher Doppelkultivierungsweg für Körper und Geist.

5. FÜNF LEICHT ZU ERLERNENDE ÜBUNGEN

Der große Weg ist am einfachsten und leichtesten. Makroskopisch gesehen gibt es beim Falun Dafa zwar nur sehr wenige Bewegungen, dadurch werden aber sehr viele Dinge vielseitig kultiviert. Gesteuert werden in vieler Hinsicht sowohl der Körper als auch zahlreiche Dinge, die durch die Kultivierung entstehen werden. Alle fünf Übungen werden dem Praktizierenden auf einmal beigebracht. Gleich am Anfang wird die Energieblockade im Körper des Praktizierenden aufgehoben. Durch die Übungen können die Praktizierenden große Mengen von kosmischer Energie in sich aufnehmen. In sehr kurzer Zeit werden unbrauchbare Stoffe aus dem Körper beseitigt. Dadurch wird der Körper gereinigt, die Kultivierungsebene erhöht und die göttlichen Fähigkeiten verstärkt, damit der Praktizierende den Zustand des reinen weißen Körpers erreicht. Diese fünf Übungen gehen weit über die normalen Methoden zum Öffnen der Meridiane oder des kleinen oder großen Himmelskreises hinaus. Sie bieten dem Praktizierenden die flexibelste und die schnellste, die beste und zugleich auch die am schwierigsten zu erhaltende Kultivierungsmethode.

6. Keine Gedankenaktivität, keine Gefahr von Abwegen, und schnelles Anwachsen der Kultivierungsenergie

Die Kultivierung des Falun Dafa erfordert keine Gedankenaktivität, keine Gedankenkonzentration auf eine Sache und auch keine Gedankenführung. Sie bietet absolute Sicherheit und garantiert, dass die Praktizierenden nicht auf Abwege geraten. Das Falun schützt die Praktizierenden auch vor Abwegen und vor den Störungen der Menschen mit schlechter Xinxing. Außerdem ist das Falun in der Lage, alle nicht normalen Zustände automatisch zu korrigieren.

Die Praktizierenden kultivieren sich auf sehr hoher Ebene. Solange sie das Leiden im Leiden und schwer Erträgliches durchhalten sowie auf die Xinxing achten und sich wahrhaftig kultivieren, wobei sie sich auf eine Schule konzentrieren, können sie in wenigen Jahren den Zustand von "Drei Blumen versammeln sich auf dem Kopf" erreichen. Dieser Zustand ist die höchste Ebene der Kultivierung des weltlichen Fa.

7. Die Übungspraxis ist unabhängig von Ort, Zeit und Himmelsrichtung und es benötigt keine Beendigung der Übungen

Das Falun ist eine Miniatur des Kosmos. Der Kosmos und alle Sternensysteme drehen sich, und auch die Erde rotiert. Dabei gibt es keine Unterscheidungen der Himmelsrichtungen: Norden, Süden, Osten und Westen. Die Falun-Dafa-Praktizierenden kultivieren sich nach den kosmischen Eigenschaften und nach den Entwicklungsprinzipien des Kosmos. In welcher Richtung auch immer man bei der Übung steht, man praktiziert in alle Himmelsrichtungen. Weil sich das Falun jederzeit dreht, spielt der Zeitpunkt keine Rolle. Man kann jederzeit die Übungen praktizieren. Der Praktizierende kann das sich drehende Falun auch nicht anhalten; es dreht sich ununterbrochen. Aus diesem Grund beendet man lediglich die Übungsbewegungen, zieht aber die Kultivierungsenergie nicht zurück.

8. Der Schutz durch meinen Fashen vermeidet Störungen durch äussere negative Einflüsse

Für einen gewöhnlichen Menschen ist es sehr gefährlich, wenn er plötzlich Dinge von hohen Ebenen bekommt. Er gerät sofort in Lebensgefahr. Wenn die Praktizierenden von mir in Falun Dafa unterwiesen sind und sich auch wirklich kultivieren, werden sie von meinem Fashen geschützt. Solange du dich weiter kultivierst, wirst du von meinem Fashen bis zur Vollendung behütet. Wenn du die Kultivierung jedoch aufgibst, wird dich mein Fashen selbstverständlich verlassen.

Viele Menschen trauen sich nicht, andere in den Gesetzen hoher Ebenen zu unterweisen, weil ihnen die Verantwortung zu schwer ist. Und der Himmel wird es ihnen auch nicht erlauben. Falun Dafa ist eine orthodoxe Schule. Sofern die Praktizierenden den Forderungen von Dafa entsprechend auf die Xinxing achten und auf Eigensinn und falschen Ehrgeiz bei der Kultivierung verzichten, wird das Aufrichtige alles Böse besiegen. Jeder Dämon wird Angst vor dir haben. Keiner, der mit deiner Erhöhung nichts zu tun hat, wird es wagen, dich zu stören. Aus diesem Grund unterscheidet sich die Lehre des Falun Dafa vollkommen von allen anderen traditionellen Kultivierungsmethoden und auch von der alchimistischen Lehre aller anderen Schulen und Systeme.

Die Kultivierung des Falun Dafa ist in die Kultivierung des weltlichen Fa und in die Kultivierung des überweltlichen Fa eingeteilt. Die Kultivierung beginnt unmittelbar auf einer sehr hohen Ebene. Den Kultivierenden und denjenigen, die jahrelang ohne Erfolg praktiziert haben, steht hiermit die flexibelste Methode zur Verfügung. Wenn die Kultivierungskraft und die Xinxing des Praktizierenden eine bestimmte Ebene erreicht haben, wird er den unsterblichen Körper in der irdischen Welt erlangen. Bei der Erleuchtung und bei der Öffnung der Kultivierungsenergie gelangt er ganzheitlich auf eine hohe Ebene. Menschen mit hohen Zielen lernen das orthodoxe Fa, erzielen echten Erfolg bei der Kultivierung und erhöhen die Xinxing. Erst wenn alle Arten von Eigensinn beseitigt sind, kommt man zur Vollendung.

Kapitel 5
Die Übungen

Erste Übung

Fo Zhan Qian Shou Fa
Buddha streckt Tausende von Händen aus

Das Prinzip

Kern dieser Übung ist das Entfalten und Öffnen. Es bewirkt, dass Energieblockaden aufgehoben werden. Die Energie wird im Körper und unter der Haut kräftig in Bewegung gebracht. Bei der Übung nimmt man auch automatisch eine große Menge von Energie aus dem Kosmos auf. Auf diese Weise werden beim Praktizierenden bereits am Anfang Hunderte von Meridianen geöffnet. Wenn man diese Übung lernt oder praktiziert, lässt sich ein starkes Energiefeld spüren. Es stellt sich am ganzen Körper ein Wärmegefühl ein. Dies kommt dadurch zustande, dass sich alle Energiekanäle im ganzen Körper öffnen und durchlässig werden. Diese Übung hat zwar insgesamt nur acht relativ leichte Bewegungselemente, aber sie steuert makroskopisch viele Dinge, die durch die gesamte Kultivierungsmethode entstehen werden. Gleichzeitig werden dadurch die Praktizierenden sehr schnell in ein Energiefeld versetzt. Diese Übung soll als Basisübung praktiziert werden. Wenn man die Übungen macht, soll man normalerweise mit dieser Übung beginnen. Sie ist eine der Methoden, um die Kultivierung zu intensivieren.

身神合一
動靜隨機
頂天獨尊
千手佛立

MANTRA:

SHEN SHEN HE YI,
KÖRPER UND GEIST
IN EINEM VEREINIGEN,
DONG JING SUI JI;
BEWGUNG UND RUHE, DIE DEM
ENERGIEMECHANISMUS FOLGEN;
DING TIAN DU ZUN,
ALLEIN DIE EHRE
STÜTZT DEN HIMMEL,
QIAN SHOU FO LI.
DER BUDDHA RICHTET
EINTAUSEND HÄNDE AUS.

Abb. 1-1

Abb. 1-2

AUSGANGSPOSITION

Locker stehen. Die Füße stehen schulterbreit auseinander. Die Beine werden leicht gebeugt. Knie und Becken entspannen sich. Der Körper bleibt entspannt, ohne zu erschlaffen. Das Kinn wird leicht zurückgezogen, während die Zunge den oberen Gaumen berührt. Die obere und die untere Zahnreihe beißen nicht aufeinander. Der Mund bleibt geschlossen. Die Augen sind auch leicht geschlossen. Das Gesicht strahlt Ruhe und Harmonie aus.

LIANG SHOU JIEYIN
MIT BEIDEN HÄNDEN IN DIE JIEYIN-POSITION GEHEN

Beide Hände heben sich und die Handflächen zeigen dabei nach oben. Die Daumenspitzen berühren sich leicht. Die restlichen vier Finger bleiben dicht nebeneinander. Beide Hände legen sich übereinander. Bei den Männern liegt die linke Hand oben, bei den Frauen die rechte. Die Hände so vor dem Unterbauch zusammenhalten, dass sie ein Oval bilden. Die Oberarme werden leicht nach vorn gedreht. Die Ellbogen sind leicht angehoben, sodass die Achselhöhlen frei bleiben (Abb. 1-1).

Abb. 1-3

Abb. 1-4

MI LE CHEN YAO
DER MAITREYA-BUDDHA STRECKT SICH

Die Hände heben sich langsam aus der Jieyin-Position und bleiben dabei zusammen. Die Hände trennen sich vor dem Kopf. Die Handflächen drehen sich langsam nach oben. In Scheitelhöhe zeigen die Handflächen ganz nach oben und die Fingerspitzen der beiden Hände weisen zueinander (Abb. 1-2). Der Abstand zwischen den Fingerspitzen beträgt etwa 20-25 Zentimeter. Nun strecken sich der Scheitel und die Handballen nach oben, und die Füße drücken gegen den Boden. Der ganze Körper streckt und dehnt sich kräftig 2-3 Sekunden lang durch. Danach wird im ganzen Körper die Spannung auf einmal gelöst. Knie und Becken wieder locker halten.

RU LAI GUAN DING
(DER TATHAGATA-BUDDHA GIESST DIE ENERGIE IN DEN SCHEITEL)

Der vorherigen Bewegung folgend (Abb. 1-3), drehen sich die Hände gleichzeitig um 140 Grad nach außen und bilden einen Trichter. Die Handgelenke werden gerade und die Hände werden langsam gesenkt. Beim Herabsenken zeigen die Handflächen zur Brust. Der Abstand zwischen Hand und Brust beträgt weniger als 10 Zentimeter. Die Hände sinken weiter bis zum Unterbauch (Abb. 1-4).

Abb. 1-5

Abb. 1-6

SHUANG SHOU HESHI (MIT BEIDEN HÄNDEN IN DIE HESHI-POSITION GEHEN)

Sobald die Hände den Unterbauch erreicht haben, drehen sie sich, sodass die Handrücken zueinander zeigen. Anschließend werden die Hände bis zur Brusthöhe gehoben und gehen in die Heshi-Position über (Abb. 1-5). Hierbei liegen die Finger und die Handballen der beiden Hände aufeinander. Die Handflächen berühren sich nicht. Die Ellbogen sollen angehoben werden. Die Unterarme bilden eine gerade Linie. (Die Hände bleiben bei allen Bewegungen, mit Ausnahme der Heshi- und der Jieyin-Position, in der Lotos-Haltung. Dies gilt auch für weitere Übungen.

ZHANG ZHI QIAN KUN (DIE HÄNDE ZEIGEN GEGEN HIMMEL UND ERDE)

Ausgehend von der Heshi-Position trennen sich die Hände und nehmen einen Abstand von etwa 2-3 Zentimeter ein (Abb. 1-6). Gleichzeitig drehen sich die Hände. Bei den Männern dreht sich die linke Hand zur Brust und die rechte Hand nach außen. Bei Frauen ist es umgekehrt. Dann liegt bei den Männern die linke Hand oben; bei den Frauen liegt die rechte Hand oben. Hände und Unterarme bilden eine gerade Linie. Dann strecken sich obere

Abb. 1-7

Abb. 1-8

Hand und oberer Arm seitlich schräg nach oben, und die Handfläche zeigt dabei nach unten (Abb. 1-7). Die obere Hand ist etwa in Kopfhöhe. Die untere Hand bleibt weiterhin vor der Brust und die Handfläche zeigt nach oben. Der obere Arm wird ausgestreckt. Gleichzeitig reckt sich der Scheitel nach oben, und die Füße drücken fest gegen den Boden, um den ganzen Körper zu strecken und zu dehnen. Nach etwa 2-3 Sekunden wird die Spannung im ganzen Körper auf einmal gelöst. Die Hände kommen zurück zur Brust und bilden die Heshi-Position.

Danach werden die Hände noch einmal gedreht: Bei den Männern liegt diesmal die rechte Hand oben, die linke Hand unten (Abb. 1-8). Bei den Frauen ist es umgekehrt.

Abb. 1-9

Abb. 1-10

Die Bewegung wird wie zuvor beschrieben seitenverkehrt wiederholt (Abb. 1-9). Nach dem Strecken entspannt sich der Körper. Die Hände kehren zur Heshi-Position vor die Brust zurück.

JIN HOU FEN SHEN (DER GOLDENE AFFE TEILT SICH)

Ausgehend von der Heshi-Position lösen sich die Hände voneinander und strecken sich zu beiden Seiten aus, bis sie eine gerade Linie mit den Schultern bilden. Der Scheitel reckt sich nach oben, die Füße drücken fest gegen den Boden, während die beiden Hände sich kräftig zur Seite strecken. Der Körper streckt sich in alle vier Richtungen und dehnt sich etwa 2-3 Sekunden lang durch (Abb. 1-10). Dann wird die Spannung im ganzen Körper auf einmal gelöst. Die Hände kehren zur Heshi-Position vor die Brust zurück.

Abb. 1-11

Abb. 1-12

SHUANG LONG XIA HAI (ZWEI DRACHEN TAUCHEN INS MEER)

Die Hände aus der Heshi-Position lösen und beide gleichzeitig vor dem Körper schräg nach unten ausstrecken. Die gestreckten und parallel zueinander liegenden Arme bilden mit dem Körper einen Winkel von 30 Grad (Abb. 1-11). Der Scheitel reckt sich nach oben und die Füße drücken fest gegen den Boden. Der ganze Körper streckt und dehnt sich etwa 2-3 Sekunden lang durch. Dann wird die Spannung im ganzen Körper auf einmal gelöst. Die Hände kehren zur Heshi-Position vor die Brust zurück.

PU SA FU LIAN (DIE BODHISATTWA LEGT DIE HÄNDE AUF DIE LOTOSBLUMEN)

Die Hände aus der Heshi-Position lösen und beide gleichzeitig seitlich nach unten ausstrecken (Abb. 1-12). An der Seite bilden Arm und Körper einen Winkel von etwa 30 Grad. Dann reckt sich der Scheitel nach oben und die Füße drücken fest gegen den Boden. Der ganze Körper streckt und dehnt sich etwa 2-3 Sekunden lang durch. Danach wird die Spannung im ganzen Körper auf einmal gelöst. Die Hände kehren zur Heshi-Position vor die Brust zurück.

Abb. 1-13

Abb. 1-14

LUO HAN BEI SHAN (DER ARHAT TRÄGT DEN BERG AUF DEM RÜCKEN)

Die Hände aus der Heshi-Position lösen und beide gleichzeitig nach hinten strecken (Abb. 1-13). Die Handflächen zeigen dabei nach hinten. Sobald die Hände auf dem Weg nach hinten die Körperseite passieren, werden die Handgelenke allmählich angewinkelt. Hinter dem Körper sind die Handgelenke dann in einem Winkel von 45 Grad gebeugt. Dann reckt sich der Scheitel nach oben und die Füße drücken fest gegen den Boden. Der ganze Körper streckt und dehnt sich etwa 2-3 Sekunden lang durch. Der Körper bleibt gerade und beugt sich nicht nach vorne, und in der Brust ist die Kraft. Dann wird die Spannung im ganzen Körper auf einmal gelöst. Die Hände kehren zur Heshi-Position vor die Brust zurück.

JIN GANG PAI SHAN (DER VAJRA SCHIEBT DEN BERG)

Die Hände aus der Heshi-Position lösen und beide gleichzeitig nach vorn stoßen, wobei die Fingerspitzen nach oben zeigen. Der Arm ist in Schulterhöhe. Nachdem die Arme ausgestreckt sind, reckt sich der Scheitel nach oben und die Füße drücken fest gegen den Boden. Der ganze Körper streckt und dehnt sich etwa 2-3 Sekunden lang durch (Abb. 1-14). Dann wird die Spannung im ganzen Körper auf einmal gelöst. Die Hände kehren zur Heshi-Position vor die Brust zurück.

Abb. 1-15

Abb. 1-16

DIE KOU XIAO FU (DIE HÄNDE VOR DEM UNTERBAUCH ÜBERKREUZEN)

Die Hände werden langsam gesenkt, wobei sich die Handflächen zum Bauch drehen. Die Hände mit Abstand voneinander vor dem Unterbauch überkreuzen (Abb. 1-15). Bei den Männern liegt die linke Hand innen, bei den Frauen die rechte Hand. Die Handfläche der äußeren Hand zeigt gegen den Handrücken der inneren Hand. Der Abstand zwischen den Händen und der Abstand zwischen Hand und Unterbauch beträgt jeweils etwa 3 Zentimeter. Diese Haltung etwa 40-100 Sekunden lang einnehmen.

SCHLUSSPOSITION

Die beiden Hände in die Jieyin-Position bringen (Abb. 1-16).

ZWEITE ÜBUNG

FALUN ZHUANG FA

FALUN-PFAHLSTELLUNG

DAS PRINZIP

Die Falun-Pfahlstellung gehört zu den ruhigen Stehübungen. Diese Übung besteht aus vier Stellungen des Haltens des Rades. Wenn man diese Übung öfter praktiziert, wird der ganze Körper geöffnet und aufgeschlossen. Als eine vielseitige Kultivierungsmethode fördert diese Übung die Weisheit und sie steigert die Kultivierungskraft. Sie bringt den Übenden auf eine höhere Kultivierungsebene und sie verstärkt die göttlichen Fähigkeiten. Die Bewegungen sind relativ einfach. Aber die dadurch zu kultivierenden Dinge sind äußerst umfangreich und auch sehr vielseitig. Für denjenigen, der gerade begonnen hat, diese Übung zu praktizieren, fühlen sich die Arme zuerst sehr schwer an, und er spürt ein unangenehmes Ziehen in den Armen. Nach der Übung fühlt man sich aber sofort sehr entspannt. Man spürt nicht die Müdigkeit wie nach körperlicher Arbeit. Mit zunehmender Dauer der Übungszeit und häufigerer Übungspraxis lässt sich das drehende Falun zwischen den Armen spüren. Bei dieser Übung sollen die Bewegungen sehr natürlich sein. Man darf nicht mit Absicht danach streben, ins Schwanken zu kommen. Es ist normal, wenn man sich bei dieser Stehübung leicht bewegt. Es ist jedoch unbedingt zu vermeiden, stärker ins Schwanken zu geraten. Je länger man übt, desto besser. Die Übungsdauer ist also individuell unterschiedlich. Wenn man beim Üben in die Stille gelangt ist, darf man nicht das Bewusstsein für die Übung verlieren. Dieses Bewusstsein muss beibehalten werden.

生慧增力
融心輕體
似妙似悟
法輪初起

Mantra:

Sheng Hui Zeng Li,
Weisheit hervorbringen
und Kraft steigern
Rong Xin Qing Ti;
Das Herz weiten
und den Körper leicht machen
Si Miao Si Wu,
Es scheint wunderbar
Es scheint erleuchtet
Fa Lun Chu Qi.
Das Gebotsrad steigt
am Anfang

Abb. 2-1

Abb. 2-2

AUSGANGSPOSITION

Locker stehen. Die Füße stehen schulterbreit auseinander. Die Beine sind leicht gebeugt. Knie und Becken entspannen sich. Der Körper bleibt entspannt, ohne zu erschlaffen. Das Kinn wird leicht zurückgezogen, während die Zunge den oberen Gaumen berührt. Die obere und die untere Zahnreihe beißen nicht aufeinander. Der Mund bleibt geschlossen. Die Augen sind auch leicht geschlossen. Das Gesicht strahlt Ruhe und Harmonie aus.

LIANG SHOU JIEYIN (MIT BEIDEN HÄNDEN IN DIE JIEYIN-POSITION GEHEN)

(Abb. 2-1)

TOU QIAN BAO LUN (DAS FALUN VOR DEM KOPF HALTEN)

Aus der Jieyin-Position heben sich die Hände langsam vom Unterbauch. Die Hände gehen dabei auseinander. Wenn die Hände die Höhe der Augenbrauen erreicht haben, zeigen die Handflächen zum Gesicht. Die Fingerspitzen weisen mit einem Abstand von etwa 15 Zentimeter zueinander. Die Arme bilden einen Kreis. Der ganze Körper entspannt sich (Abb. 2-2).

Abb. 2-3

Abb. 2-4

FU QIAN BAO LUN (DAS FALUN VOR DEM UNTERBAUCH HALTEN)

Die Hände sinken langsam bis zum Unterbauch, ohne die Haltung zu verändern (Abb. 2-3). Die Ellbogen werden angehoben, sodass die Achselhöhlen frei sind. Die Handflächen zeigen nach oben, die Fingerspitzen weisen zueinander. Die Arme bilden einen Kreis.

TOU DING BAO LUN (DAS FALUN ÜBER DEM KOPF HALTEN)

Die Hände heben sich langsam über den Kopf, ohne die Haltung zu verändern. Die Arme halten das Falun über dem Kopf (Abb. 2-4). Die Handflächen zeigen nach unten, die Fingerspitzen weisen zueinander Der Abstand zwischen den Fingerspitzen beträgt etwa 20-30 Zentimeter. Die Arme bilden einen Kreis. Die Schultern, die Arme, die Ellbogen und die Handgelenke entspannen sich.

Abb. 2-5

Abb.2-6

LIANG CE BAO LUN (DAS FALUN AUF BEIDEN SEITEN HALTEN)

Die Hände sinken langsam jeweils zur Kopfseite (Abb. 2-5). Die Handflächen zeigen zu den Ohren. Die Schultern entspannen sich. Die Unterarme bleiben gerade. Die Hände sollen nicht zu nahe an den Ohren liegen.

DIE KOU XIAO FU (DIE HÄNDE VOR DEM UNTERBAUCH ÜBERKREUZEN)

Die Hände sinken vor den Unterbauch und werden überkreuzt, ohne sich dabei zu berühren (Abb. 2-6).

Abb. 2-7

SCHLUSSPOSITION

Beide Hände in die Jieyin-Position bringen (Abb. 2-7). Die Übung ist damit abgeschlossen.

DRITTE ÜBUNG

GUAN TONG LIANG JI FA
DIE BEIDEN KOSMISCHEN POLE VERBINDEN

DAS PRINZIP

Diese Übung ist eine Methode, um die kosmische Energie mit der körperlichen Energie zu vermischen und sie durchströmen zu lassen. Dabei wird viel Energie abgestoßen und aufgenommen, sodass der Körper des Praktizierenden in äußerst kurzer Zeit gereinigt wird. Beim Abstoßen und Aufnehmen der Energie können außerdem sowohl der Scheitel aufgeschlossen als auch die Kanäle unter den Füßen des menschlichen Körpers geöffnet werden. Die Hände folgen dem Energiefluss im Körper sowie dem Energiemechanismus außerhalb des Körpers. Die Energie stößt mit der Aufwärtsbewegung der Hand aus dem Scheitel hinaus und erreicht den obersten Pol des Kosmos. Mit der Abwärtsbewegung der Hand strömt sie aus den Fußsohlen und erreicht den untersten Pol des Kosmos. Nachdem die Energie von einem der beiden Pole zurückgekehrt ist, strömt sie wieder in die entgegengesetzte Richtung. Dieser Vorgang wird neunmal wiederholt.

Auf die Auf- und Abwärtsbewegung (Chong Guan) mit einer Hand folgt die Auf- und Abwärtsbewegung mit zwei Händen. Nach der neunten Wiederholung wird das Falun vor dem Unterbauch mit beiden Händen viermal im Uhrzeigersinn gedreht, um die Energie außerhalb des Körpers wieder in den Körper zurückzudrehen. Danach die Hände in die Jieyin-Position bringen, und die Übung ist abgeschlossen.

淨化本體
法開頂底
心慈意猛
通天徹地

Mantra:

Jing Hua Ben Ti,
Den eigenen Körper reinigen

Fa Kai Ding Di;
Das Gebot öffnet Scheitel und Boden

Xin Ci Yi Meng,
Mit gütigem Herz und starkem Wunsch

Tong Tian Che Di.
sich mit dem Himmel verbinden und die Erde durchdringen

Abb. 3-1

Abb. 3-2

AUSGANGSPOSITION

Locker stehen. Die Füße stehen schulterbreit auseinander. Die Beine werden leicht gebeugt. Knie und Becken entspannen sich. Der Körper bleibt entspannt, ohne zu erschlaffen. Das Kinn wird leicht zurückgezogen, während die Zunge den oberen Gaumen berührt. Die obere und die untere Zahnreihe beißen nicht aufeinander. Der Mund bleibt geschlossen. Die Augen sind auch leicht geschlossen. Das Gesicht strahlt Ruhe und Harmonie aus.

LIANG SHOU JIEYIN (MIT BEIDEN HÄNDEN IN DIE JIEYIN-POSITION GEHEN)

(Abb. 3-1)

SHUANGSHOU HESHI (MIT BEIDEN HÄNDEN IN DIE HESHI-POSITION GEHEN)

(Abb. 3-2)

Abb. 3-3

Abb. 3-4

Aus der Heshi-Position heraus bewegt sich die eine Hand nach oben, die andere Hand nach unten. Die Hände folgen langsam dem Energiemechanismus außerhalb des Körpers.

Die Energie des Körpers folgt den Auf- und Abwärtsbewegungen der Hände (Abb. 3-3). Bei den Männern bewegt sich zuerst die linke Hand nach oben, bei den Frauen zuerst die rechte Hand. Die Hand hebt sich schräg vor dem Kopf langsam nach oben und geht weiter über den Kopf, während die rechte Hand der Männer (und die linke Hand der Frauen) sich langsam senkt. Danach wechseln die Hände ihre Position und bewegen sich abwechselnd auf und ab (Abb. 3-4).

Die Handflächen beider Hände zeigen zum Körper. Der Abstand zwischen Handflächen und Körper beträgt weniger als 10 Zentimeter. Der ganze Körper entspannt sich. Die Auf- und Abwärtsbewegung einer Hand zählt als eine Einheit, die neunmal wiederholt werden soll.

Abb. 3-5

Abb. 3-6

Abb. 3-7

Chong Guan mit beiden Händen

Nach dem Chong Guan mit einer Hand bleibt die linke Hand der Männer (und die rechte Hand der Frauen) ganz oben. Die andere Hand wird dann auch gehoben. Beide Hände befinden sich nun oben (Abb. 3-5). Dann bewegen sich beide Hände gleichzeitig nach unten (Abb. 3-6).

Beim Chong Guan mit beiden Händen zeigen die Handflächen zum Körper. Der Abstand zwischen Handflächen und Körper beträgt weniger als 10 Zentimeter. Die Auf- und Abwärtsbewegung einer Hand zählt als Einheit, die neunmal wiederholt werden soll.

Das Falun mit beiden Händen drehen

Nachdem die Auf- und Abwärtsbewegung mit beiden Händen neunmal wiederholt worden ist, bewegen sich die Hände vom Kopf hinunter über die Brust bis zum Unterbauch (Abb. 3-7).

Abb. 3-8

Abb. 3-9

Abb. 3-10

Sobald sich die Hände vor dem Unterbauch befinden, wird das Falun vor dem Unterbauch mit beiden Händen im Uhrzeigersinn gedreht (Abb. 3-8, Abb. 3-9). Beim Drehen liegt die linke Hand der Männer (und die rechte Hand der Frauen) an der Innenseite. Der Abstand zwischen den beiden Händen und der Abstand zwischen der inneren Hand und dem Unterbauch beträgt jeweils etwa 2-3 Zentimeter.

Das Falun wird viermal im Uhrzeigersinn gedreht, damit die Energie außerhalb des Körpers in den Körper zurückgedreht wird. Beim Drehen des Falun sollen sich die Hände nicht über den Bereich des Unterbauchs hinaus bewegen.

SCHLUSSPOSITION

Die Hände kommen in die Jieyin-Position, und die Übung ist abgeschlossen (Abb. 3-10).

Vor dieser Übung kann man sich einmal vorstellen, man sei zwei riesengroße leere Rohre, die zwischen dem Himmel und der Erde stehen. Diese Vorstellung hilft, die Energie durchströmen zu lassen.

VIERTE ÜBUNG

FALUN ZHOU TIAN FA (FALUN-HIMMELSKREIS)

DAS PRINZIP

Der Zweck dieser Übung liegt darin, die Energie des menschlichen Körpers großflächig zum Fließen zu bringen. Dabei fließt die Energie nicht an einem oder mehreren Meridianen entlang, sondern sie zirkuliert ununterbrochen von der kompletten Yin-Seite zur kompletten Yang-Seite. Die Wirkung dieser Übung übertrifft sowohl die normale Technik zum Öffnen der Meridiane als auch des großen und kleinen Himmelskreis. Sie gehört zur Mittelstufe der Kultivierungsmethode. Auf der Basis der ersten drei Übungen können die Energiekanäle des ganzen Körpers, einschließlich des großen Himmelskreises, schrittweise von oben nach unten schnell geöffnet werden. Die größte Besonderheit dieser Übung besteht darin, dass sie durch das Drehen des Falun unrichtige Zustände des menschlichen Körpers berichtigt. Damit wird der menschliche Körper als ein Mikrokosmos in seinen Ursprungszustand zurückgebracht, und die Energie kann im ganzen Körper ungehindert zirkulieren. Wenn dieser Zustand erreicht ist, hat man bereits eine sehr hohe Ebene bei der Kultivierung im weltlichen Fa erreicht. Bei dieser Übung folgen die Hände dem Energiemechanismus. Die Bewegungen sind ruhig, langsam und rund.

旋法至虛
心清似玉
返本歸真
悠悠似起

MANTRA:

XUAN FA ZHI XU,
DAS GEBOT DREHEN
BIS LEERE ERREICHT IST
XIN QING SI YU;
DAS HERZ REINIGEN
WIE JADE
FAN BEN GUI ZHEN,
ZUM URSPRUNG
UND ZUM WAHREN
YOU YOU SI QI.
SEHR GEMÄCHLICH
WIE MAN AUFSTEIGT

Abb. 4-1

Abb. 4-2

AUSGANGSPOSITION

Locker stehen. Die Füße stehen schulterbreit auseinander. Die Beine werden leicht gebeugt. Knie und Becken entspannen sich. Der Körper bleibt entspannt, ohne zu erschlaffen. Das Kinn wird leicht zurückgezogen, während die Zunge den oberen Gaumen berührt. Die obere und die untere Zahnreihe beißen nicht aufeinander. Der Mund bleibt geschlossen. Die Augen sind auch leicht geschlossen. Das Gesicht strahlt Ruhe und Harmonie aus.

LIANG SHOU JIEYIN (MIT BEIDEN HÄNDEN IN DIE JIEYIN-POSITION GEHEN)

(Abb. 4-1)

SHUANG SHOU HESHI (MIT BEIDEN HÄNDEN IN DIE HESHI-POSITION GEHEN)

(Abb. 4-2)

Abb. 4-3

Abb. 4-4

Abb. 4-5

Die Hände lösen sich aus der Heshi-Position und bewegen sich beide gleichzeitig in Richtung Unterbauch. Dabei drehen sich die Handflächen zum Körper. Der Abstand zwischen den Handflächen und dem Körper beträgt weniger als 10 Zentimeter. Die Hände bewegen sich über den Unterbauch und gleiten entlang der Innenseite der Beine nach unten. Gleichzeitig beugt sich der Körper vor und man geht tief in die Knie (Abb. 4-3). Wenn sich die Fingerspitzen dem Boden nähern, bewegen sich die Hände über die Fußspitzen nach hinten bis zur Außenseite der Fersen (Abb. 4-4).

Mit leicht gebeugten Handgelenken bewegen sich die Hände von den Fersen an der Rückseite der Beine entlang nach oben (Abb. 4-5).

Abb. 4-6

Abb. 4-7

Gleichzeitig richtet sich der Körper auf (Abb. 4-6). Während der ganzen Übung sollen die Hände niemals den Körper berühren, andernfalls wird die Energie über die Hände wieder in den Körper zurückgeführt. Wenn sich die Hände hinter dem Rücken nicht mehr weiter nach oben bewegen lassen, schließen sie sich zu hohlen Fäusten. Auf diese Weise nehmen die Hände keine Energie mit (Abb. 4-7).

Abb. 4-8

Abb. 4-9

Die Fäuste werden durch die Achselhöhlen nach vorn gebracht. Die Arme überkreuzen sich vor der Brust. Es spielt keine Rolle, welcher Arm oben und welcher Arm unten liegt. Das gilt sowohl für die Männer als auch für die Frauen (Abb. 4-8)

Etwas über den Schultern öffnen sich die Hände. Danach bewegen sich die Hände an der Außenseite der Arme entlang, ohne diese zu berühren, zum Handgelenk, bis schließlich die Handflächen zueinander zeigen. Der Abstand zwischen den Handflächen beträgt etwa 3-4 Zentimeter. Nun werden Hände und Arme in einer geraden Linie gehalten (Abb. 4-9).

Abb. 4-10

Abb. 4-11

Darauf folgend dreht man die Hände so, als ob sie einen Ball halten, das heißt, die innere und die äußere Hand wechseln ihren Platz. Danach bewegen sich die Hände an der Innenseite der Unterarme entlang weiter in Richtung Oberarm, ohne diesen zu berühren. Gleichzeitig werden die Arme über den Kopf gehoben (Abb. 4-10). Hinter dem Kopf werden die Hände erst überkreuzt (Abb. 4-11).

Abb. 4-12

Abb. 4-13

Danach lösen sich die Hände aus dieser Position, und die Fingerspitzen zeigen nun nach unten. Die Energie vom Rücken wird damit verbunden. Dann bewegen sich die Hände über den Kopf bis zur Brust (Abb. 4-12).

Dies ist die Zirkulation des Himmelskreises. Diese Bewegung wird neunmal wiederholt. Danach sinken die Hände von der Brust zum Unterbauch.

SCHLUSSPOSITION

Die Hände gehen wieder in die Jieyin-Position, und die Übung ist abgeschlossen (Abb. 4-13).

FÜNFTE ÜBUNG

SHEN TONG JIA CHI FA
VERSTÄRKUNG DER GÖTTLICHEN FÄHIGKEITEN

DAS PRINZIP

"Die Verstärkung der göttlichen Fähigkeiten " ist eine Meditationsübung, bei welcher das Falun durch die Handgeste des Buddha gedreht wird. Sie dient dazu, die göttlichen Fähigkeiten (einschließlich die Kultivierungsfähigkeiten) und die Kultivierungskraft zu verstärken. Sie ist eine vielseitige Übung, um mehrere Dinge gleichzeitig zu kultivieren. Es handelt sich um eine Übungsmethode oberhalb der Mittelstufe, die früher nur im Geheimen praktiziert wurde. Es ist erforderlich, diese Übung im doppelten Lotossitz zu praktizieren. Wenn man am Anfang den doppelten Lotossitz noch nicht einnehmen kann, darf diese Übung auch im einfachen Lotossitz durchgeführt werden. Letztendlich muss man diese Übung jedoch im doppelten Lotossitz praktizieren. Bei dieser Übung ist der Energiestrom relativ stark. Das Energiefeld rund um den Körper ist auch relativ groß. Je länger man im Lotossitz bleibt, desto besser. Die Übungszeit richtet sich nach dem Zustand des jeweiligen Schülers. Je länger man übt, desto intensiver entwickelt sich die Kultivierungsenergie. Während der Übung ist man ohne Gedanken. Man ist gedankenfrei, und man gelangt von der Ruhe in die Stille. Das Hauptbewusstsein weiß aber, dass man selbst die Übung praktiziert.

有意無意
印隨機起
似空非空
動靜如意

MANTRA:

YOU YI WU YI,
MAN SOLL GEDANKEN HABEN
UND ZUGLEICH KEINE

YIN SUI JI QI;
DAS SIEGEL MIT DEM ENERGIE-
MECHANISMUS AUFRICHTEN

SI KONG FEI KONG,
LEER SEIN
UND NICHT LEER SEIN

DONG JING RU YI.
BEWEGUNG UND RUHE SOLLEN
WUNSCHGEMÄSS SEIN

Abb. 5-1

Abb. 5-2

AUSGANGSPOSITION

Den Lotossitz einnehmen. Rücken und Hals bleiben gerade. Das Kinn wird leicht zurückgezogen. Die Zunge berührt den oberen Gaumen und die beiden Zahnreihen beißen nicht aufeinander. Der Mund bleibt geschlossen. Der Körper ist entspannt, ohne zu erschlaffen. Die Augen sind leicht geschlossen. Im Herzen entsteht Barmherzigkeit. Das Gesicht strahlt Ruhe und Harmonie aus. Die Hände kommen in die Jieyin-Position und werden vor dem Unterbauch gehalten (Abb. 5-1). Man sinkt langsam in die Ruhe.

HANDGESTEN

Die Hände bleiben in der Jieyin-Position und heben sich langsam. Vor dem Kopf lösen sich die Hände aus der Jieyin-Position. Die Handflächen drehen sich allmählich nach oben. Sobald die Handflächen ganz nach oben zeigen, haben die Hände ihre Endposition erreicht (Abb. 5-2). (Bei der Handgeste werden die Oberarme durch die Unterarme geführt. Die Arme werden mit Kraft bewegt.)

Abb. 5-3

Abb. 5-4

Danach trennen sich die Hände und die Fingerspitzen drehen sich nach hinten. Während die Hände einen Kreis über dem Kopf ziehen, bewegen sie sich langsam nach unten bis schräg vor dem Kopf (Abb. 5-3). Die Ellbogen kommen möglichst eng zueinander.

Die Handflächen zeigen nach oben und die Fingerspitzen nach vorn (Abb. 5-4). Danach werden die Handgelenke gerade und überkreuzen sich vor der Brust. Bei den Männern bewegt sich die linke Hand außen, bei den Frauen die rechte Hand.

Abb. 5-5

Abb. 5-6

Wenn die Hände am Ende des Überkreuzens wieder eine Linie bilden (Abb. 5-5), dreht sich das Handgelenk der Außenhand in einem Bogen nach außen, damit die Handfläche nach oben zeigt und die Fingerspitzen nach hinten weisen. Die Hand wird mit einiger Kraft bewegt.

Nach dem Überkreuzen dreht sich die Handfläche der inneren Hand allmählich nach unten. Wenn der Arm gerade ausgestreckt ist, dreht sich die Hand nach außen, damit die Handfläche nach außen zeigt. Direkt vor dem Körper zeigt der Arm schräg nach unten und bildet mit dem Körper einen Winkel von 30 Grad (Abb. 5-6).

Abb. 5-7

Abb 5-8.

Danach geht die linke Hand (die obere Hand) an der Innenseite nach unten. Die rechte Hand dreht sich, damit die Handfläche nach innen zeigt, und geht nach oben. Die vorherige Bewegung seitenverkehrt wiederholen. Die Positionen der Hände sind vertauscht (Abb. 5-7).

Darauf folgend streckt sich das Handgelenk der rechten Hand der Männer (und das Handgelenk der linken Hand der Frauen) gerade, damit die Handfläche zum Körper zeigt. Nach dem Überkreuzen der Hände vor der Brust dreht sich die Handfläche nach unten. Die Hand senkt sich nach vorn bis zum Unterschenkel. Der Arm bleibt gerade ausgestreckt. Die linke Hand der Männer (und die rechte Hand der Frauen) dreht sich so, dass die Handfläche nach innen zeigt. Diese Hand bewegt sich nach oben. Nach dem Überkreuzen dreht sich die Hand und bewegt sich bei den Männern in Richtung der linken Schulter, bei den Frauen in Richtung der rechten Schulter. Sobald die Position erreicht ist, zeigt die Handfläche nach oben, und die Fingerspitzen weisen nach vorn (Abb. 5-8).

Abb. 5-9

Abb. 5-10

Nun wird die vorherige Bewegung seitenverkehrt wiederholt: Die linke Hand der Männer (und die rechte Hand der Frauen) bewegt sich an der Innenseite, während die rechte Hand der Männer (und die linke Hand der Frauen) sich an der Außenseite bewegt. Die Positionen der Hände werden vertauscht (Abb. 5-9).

Die Bewegungen der Handgesten müssen sehr fließend und ohne Unterbrechungen durchgeführt werden.

VERSTÄRKUNG

Der letzten Handgeste folgend, bewegt sich die obere Hand an der Innenseite und die untere Hand an der Außenseite. Bei Männern dreht sich die rechte Hand. Mit der Handfläche zur Brust bewegt sich diese Hand nach unten. Die linke Hand der Männer (und die rechte Hand der Frauen) bewegt sich nach oben. Sobald die beiden Unterarme sich in einer geraden Linie vor der Brust befinden (Abb. 5-10), werden die Hände jeweils zur Seite ausgestreckt.

Abb. 5-11

Abb. 5-12

Zugleich drehen sich die Handflächen nach unten (Abb. 5-11).

Die Hände bewegen sich über die Knie hinaus und bleiben auf der Höhe der Taille. Der Unterarm und das Handgelenk bleiben auf gleicher Höhe. Die Arme sind entspannt (Abb. 5-12).

Durch diese Haltung werden die göttlichen Fähigkeiten, die sich im Körper befinden, zur Verstärkung auf die Hände übertragen. In der Mitte der Handfläche verspürt man ein Gefühl der Wärme oder der Schwere. Oder man hat das Gefühl, dass die Hand unter Strom steht oder etwas Schweres in der Hand liegt. Man darf aber nicht mit Absicht nach diesem Gefühl trachten. Lass es einfach so, wie es ist. Je länger man die Haltung einnimmt, desto besser.

Abb. 5-13

Abb. 5-14

Die rechte Hand der Männer (und die linke Hand der Frauen) wird angewinkelt, und die Handfläche dreht sich nach innen. Die Hand bewegt sich zum Unterbauch. Wenn die Position vor dem Unterbauch erreicht ist, zeigt die Handfläche nach oben. Zur gleichen Zeit hebt sich die linke Hand der Männer (und die rechte Hand der Frauen), dreht sich nach vorn und bewegt sich zum Unterkiefer. Sobald die Hand Schulterhöhe erreicht hat, zeigt die Handfläche nach unten.

Wenn die Position erreicht ist, bleiben der Unterarm und die Hand in einer geraden Linie. Die Handflächen der beiden Hände zeigen zueinander (Abb. 5-13). Diese Haltung sollte sehr lange geübt werden - solange es geht. Danach bewegt sich die obere Hand in einem Bogen nach vorn bis vor den Unterbauch. Zugleich hebt sich die untere Hand bis zum Unterkiefer, und die Handfläche dreht sich dabei nach unten. Der Arm bleibt in Schulterhöhe. Die Handflächen der beiden Hände zeigen zueinander. Die Position halten (Abb. 5-14). Je länger geübt wird, desto besser.

Abb. 5-15

Abb. 5-16

KULTIVIERUNG IN DER MEDITATION

Aus der vorherigen Haltung bewegt sich die obere Hand in einem Halbkreis nach vorn bis vor den Unterbauch. Die Hände kommen in die Jieyin-Position (Abb. 5-15). Man wird ruhig, und die Meditation beginnt. Man geht tief in die Stille. Das Hauptbewusstsein muss sich aber darüber im klaren sein, dass man selbst die Übung praktiziert. Je länger geübt wird, desto besser. Diese Übung soll so lange wie möglich praktiziert werden.

SCHLUSSPOSITION

Zum Schluss die Hände in die Heshi-Position bringen. Man tritt aus der stillen Meditation heraus. Die Beine werden aus dem Lotossitz gelöst.

Kapitel 6 Die Funktionsprinzipien der Übungen

Die erste Übung

Die erste Übung wird "Fo Zhan Qian Shou Fa " (Buddha streckt Tausende von Händen aus) genannt. Wie der Name besagt, ähnelt sie dem Buddha oder der Guanyin mit ihren tausend ausgestreckten Händen. Doch werden wir selbstverständlich keine Tausende von Bewegungen machen. Zum einen wärst du nicht imstande, dir all diese Bewegungen zu merken. Zum anderen würden so viele Übungen dich auch total erschöpfen. Der Sinn der Übung wird durch die acht einfachen Grundbewegungen zum Ausdruck gebracht. Durch sie werden Hunderte von Meridianen des Körpers geöffnet. Ich erkläre euch die Aussage, dass man sich in unserer Schule bereits von Anfang an auf einer sehr hohen Ebene kultiviert: Wir öffnen nicht ein oder zwei Meridiane oder den Ren- und den Du-Meridian oder die besonderen Kanäle und acht Meridiane, sondern wir öffnen gleich zu Beginn Hunderte von Meridianen und bringen sie in Bewegung. Aus diesem Grund praktizieren wir von Anfang an auf einer sehr hohen Ebene.

Bei dieser Übung soll man sich dehnen und dann wieder entspannen. Die Bewegungen der Hände und Füße müssen gut koordiniert werden. Durch das Dehnen und Entspannen werden alle Körperzonen, die blockiert sind, frei gemacht. Natürlich kann die Übung diese Wirkung nur dann hervorbringen, wenn ich dich mit einem Energiemechanismus ausstatte. Man soll sich ganz langsam dehnen, bis der ganze Körper seine Endposition erreicht hat. Das kann sich sogar so anfühlen, als ob dein Körper auseinandergerissen würde. Beim Dehnen hat man den Eindruck, als ob man sehr groß wäre. Diesen Vorgang soll man aber nicht mit Gedanken begleiten. Die Lösung der

Spannung soll plötzlich erfolgen, wenn die zu dehnenden Körperteile ihre Endposition erreicht haben. Das Ganze funktioniert wie ein Beutel voll Luft: Wenn man ihn fest zusammendrückt, wird die Luft hinausgepresst. Lässt man die Hände locker, wird die Luft wieder hineingezogen. Der Beutel füllt sich wieder; neue Energie wird aufgenommen. Unter der Wirkung dieses Energiemechanismus werden auch die Körperzonen, die verstopft sind, durchlässig gemacht.

Beim Dehnen drücken die Fersen fest nach unten, während sich der Scheitel möglichst kräftig nach oben reckt, sodass Hunderte von Meridianen in deinem ganzen Körper durch das Ziehen geöffnet werden. Danach muss man die Spannung auf einmal lösen. Nach dem Dehnen entspannt man sich auf einen Schlag. Dadurch wird der Körper komplett geöffnet. Natürlich werden wir dir den Energiemechanismus und auch andere Arten von Mechanismen einsetzen. Die Arme müssen sich langsam und kraftvoll bis zum Endpunkt ausstrecken und dehnen. In der taoistischen Schule spricht man von drei Yin- und drei Yang-Meridianen. Doch gibt es nicht nur drei Yin-Meridiane und drei Yang-Meridiane. In den Armen liegen kreuz und quer Hunderte von Meridianen, die geöffnet werden müssen. Sie alle werden durch das Dehnen geöffnet. Wir zielen darauf ab, alle Meridiane von Anfang an zu öffnen. Bei den normalen Kultivierungsschulen, wo das Üben des Qi noch nicht dazuzählt, beginnt die echte Kultivierung zudem damit, dass Hunderte von Meridianen zuerst durch einen einzigen Meridian in Bewegung gebracht werden. Man braucht viel Zeit, sogar viele Jahre, bis auf diese Weise alle Meridiane geöffnet sind. Bei uns wird gleich am Anfang das Öffnen von allen Meridianen erreicht. Deshalb praktizieren wir schon zu Beginn auf einer sehr hohen Ebene. Alle müssen diesen Kernpunkt gut beherrschen.

Ich erkläre noch einmal die Stehhaltung. Die Füße stehen schulterbreit auseinander. Man soll ganz natürlich stehen. Es ist nicht erwünscht, dass die Füße parallel stehen, weil unsere Schule nichts mit der Kampfkunst zu tun hat. Die Stehhaltungen von vielen anderen Schulen entstammen dem "Pferdeschritt" aus der Kampfkunst. In der buddhistischen Schule wird jedoch Wert auf die umfassende Erlösung aller Wesen gelegt. Deshalb soll man die Energie nicht immer in sich verschließen. Die Beine bleiben leicht gebeugt, wobei Knie und Becken entspannt sind. Beim leicht gebeugten Bein sind die Meridiane durchlässig. Wenn man mit durchgedrückten Knien dasteht, sind die Meridiane steif und nicht durchlässig. Der Körper richtet sich auf und entspannt sich von innen nach außen, ohne zu erschlaffen. Der Kopf wird ebenfalls aufrecht gehalten.

Alle fünf Übungen sollen mit geschlossenen Augen praktiziert werden. Beim Lernen musst du jedoch die Augen offen halten, um zu prüfen, ob du deine Bewegungen korrekt ausführst. Wenn du die Übungen dann beherrschst, sollst du sie mit geschlossenen Augen praktizieren. Die Zunge muss den oberen Gaumen berühren. Obere und untere Zahnreihe beißen nicht aufeinander, und der Mund bleibt geschlossen. Warum muss die Zunge den oberen Gaumen berühren? Wie alle wissen, wird bei echten Kultivierungsübungen nicht nur der Außenhimmelskreis auf der Oberfläche in Bewegung gebracht. Alle kreuz und quer im Körperinneren liegenden Meridiane bewegen sich ebenfalls. Es gibt nicht nur Meridiane an der Körperoberfläche, sondern auch in den inneren Organen, sogar im Zwischenraum zwischen den inneren Organen. Der Mundraum ist hohl und benötigt die Zunge als Brücke, um den Energiefluss bei der Bewegung der Meridiane zu verstärken. Somit kann die Energie über die Zunge durchfließen. Der geschlossene Mund dient als äußere Überbrückung, damit die Energie an der Hautoberfläche durchfließt. Warum sollen die Zahnreihen nicht aufeinanderbeißen? Wären die Zähne fest zusammengebissen, würde die zirkulierende Energie dazu führen, dass die Zähne noch fester zusammengepresst werden. Die Stellen, die nicht entspannt sind, werden nicht ausreichend geläutert. Eine Stelle, die sehr angespannt ist, wird zum Schluss übergangen. Sie wird nicht geläutert und entwickelt. Wenn die Zahnreihen sich nicht berühren, kann diese Körperzone sich auch entspannen.

Das waren die Grundanforderungen der Übungen. Wir erklären zunächst drei Übergangsbewegungen, die auch später in anderen Übungen vorkommen werden.

SHUANG SHOU HESHI (MIT BEIDEN HÄNDEN IN DIE HESHI-POSITION GEHEN)

Bei der Heshi-Position befinden sich die Arme in einer geraden Linie. Die Arme sind angehoben, damit die Achselhöhlen frei bleiben. Andernfalls werden die Energiekanäle zugedrückt. Die Fingerspitzen bleiben vor der Brust. Sie dürfen weder vor dem Gesicht gehalten werden noch den Körper berühren. Die Handballen liegen aufeinander, während ein Hohlraum zwischen den Händen entsteht. Merkt euch diese Bewegung. Diese Bewegung kommt immer wieder vor.

Die Kou Xiao Fu (Die Hände vor dem Unterbauch überkreuzen)

Die Arme sollen angehoben werden. Bei den Übungen müssen die Arme aus gutem Grund angehoben werden: Wenn die Achselhöhlen nicht frei sind, werden die Energiekanäle zugedrückt und die Energie kann nicht durchfließen. Bei dieser Bewegung befindet sich die linke Hand der Männer (und die rechte Hand der Frauen) an der Innenseite. Der Abstand zwischen den Händen ist eine Handkante breit. Die Hände sollen nicht miteinander in Berührung kommen. Der Abstand zwischen der Hand und dem Körper ist zwei Handkanten breit. Die Hand darf den Körper ebenfalls nicht berühren. Warum? Weil wir alle wissen, dass es viele Innen- und Außenkanäle gibt. In unserer Kultivierungsschule werden diese Kanäle, insbesondere der Laogong-Punkt in der Hand, durch das Falun geöffnet. Eigentlich ist der Laogong-Punkt ein Feld, das sich in jeder Existenzform des Körpers in allen Räumen befindet. Er existiert nicht nur als Laogong-Punkt des physischen Körpers. Sein Feld ist sehr groß. Es ist sogar größer als die Fläche deiner physischen Hand. Alles muss geöffnet werden. Bei uns wird er durch das Falun geöffnet. Das Falun dreht sich auf beiden Händen. Deshalb sollen die Hände nicht miteinander in Berührung kommen. Nach der Übung, beim Überkreuzen der Hände vor dem Unterbauch, ist die Energie in den Händen äußerst stark. Der andere Zweck des Überkreuzens der Hände vor dem Unterbauch besteht darin, das Falun in deinem Unterbauch und dein Elixierfeld zu verstärken. Auf diesem Elixierfeld werden Tausende und aber Tausende von Dingen entstehen.

Jie Ding Yin (Mit beiden Händen in die Jieyin-Position gehen)

Es gibt noch eine weitere Bewegung zu besprechen. Sie wird "Jie Ding Yin" genannt, abgekürzt: Jieyin. In der Jieyin-Position liegen die Hände nicht einfach aufeinander. Die Daumenspitzen berühren sich in einem Bogen, und die Daumen bilden mit den unteren Fingern ein Oval. Die Finger liegen dicht beieinander. Die Finger der unteren Hand liegen zwischen den Fingern der oberen Hand. Bei der Jieyin-Position liegt die linke Hand der Männer (und die rechte Hand der Frauen) oben. Warum? Weil die Männer einen puren Yang-Körper und die Frauen einen puren Yin-Körper haben. Männer sollen Yang zügeln und Yin entwickeln, während

Frauen Yin zügeln und Yang entwickeln sollen, um Yin und Yang auszugleichen. Das ist auch der Grund, warum die Bewegungen von Männern und Frauen manchmal unterschiedlich sind. Bei der Jieyin-Position müssen die Arme auf jeden Fall angehoben werden. Allgemein bekannt ist das Elixierfeld. Der Mittelpunkt des Elixierfeldes - und gleichzeitig der Mittelpunkt unseres Falun - befindet sich zwei Daumen breit unterhalb des Bauchnabels. Aus diesem Grund muss die Jieyin-Position etwas niedriger liegen, damit das Falun gehalten wird. Manche Leute entspannen die Hände, die Beine jedoch nicht. Die Beine sollen aber ebenfalls entspannt sowie gestreckt und gedehnt werden.

Die zweite Übung

Die zweite Übung wird "Falun Zhuang Fa" (Falun-Pfahlstellung) genannt. Diese Übung ist relativ einfach und besteht aus vier Stellungen, mit denen man das Falun hält. Diese Übung ist sehr leicht zu erlernen. Sie hat aber eine hohe Intensität und auch einen höheren Schwierigkeitsgrad. Worin besteht die hohe Intensität? Bei Stehübungen aller Art ist es immer erforderlich, dass man sich nicht bewegt und für längere Zeit an einem Ort verharrt. Die Hände sollen zudem für sehr lange Zeit in der Höhe gehalten werden. In den Armen lässt sich ein ziehender Schmerz spüren. Darum ist die Intensität sehr hoch. Die Stehhaltung entspricht der Haltung bei der ersten Übung. Jetzt entfällt jedoch das Strecken und Dehnen. Man steht ganz locker da. Die Übung umfasst vier Grundstellungen, mit denen das Falun gehalten wird. Mit nur vier grundlegenden Stellungen sieht sie recht einfach aus. Bei der Kultivierung im Dafa darf eine Bewegung nicht nur einer einzigen Art von Kultivierungsenergie oder dem Praktizieren von nur wenigen Dingen dienen. Jede Bewegung dient hier der Entwicklung von vielen Dingen. Es geht nicht, dass man für die Entwicklung jeder Sache eine bestimmte Bewegung braucht. Ich möchte dir verständlich machen, dass das, was ich dir in deinem Unterbauch eingesetzt habe, und das, was in unserer Kultivierungsschule entstehen wird, weit mehr als Tausende von Dingen umfasst. Überlege einmal: Wenn man für jede einzelne Sache eine Bewegung bräuchte, müsstest du Tausende von Bewegungen machen, was an einem Tag gar nicht zu schaffen ist. Außerdem könntest du dir all die Bewegungen auch nicht merken, selbst wenn du dich noch so sehr anstrengen würdest.

Ein Sprichwort lautet: Der große Weg ist am einfachsten und leichtesten. Die Entwicklung aller Dinge wird makroskopisch und ganzheitlich gesteuert. Deshalb wird man bei der Meditation die besten Resultate erzielen, wenn man auf Bewegungen verzichtet. Auch bei den einfachen Bewegungen wird makroskopisch gesteuert, dass sich viele Dinge während des Übens gleichzeitig entwickeln. Je einfacher die Bewegungen sind, desto umfassender ist die Entwicklung, weil alles makroskopisch gesteuert ist. Diese Übung umfasst vier Positionen zum Halten des Falun. Du spürst dabei, wie das große Falun sich zwischen deinen Armen dreht. Dieses Gefühl werden fast alle Praktizierenden haben. Bei der ruhigen Stehübung ist es nicht erlaubt, ins Schwanken zu kommen oder hin und her zu hüpfen wie bei den Methoden, bei denen die Menschen von irgendwelchen Dingen besessen sind. Das ist nicht korrekt. Das ist keine Kultivierung. Weißt du etwa von einem Buddha, Tao oder einer Gottheit, die so hin und her schwankten und herumhüpften? Bestimmt nicht.

DIE DRITTE ÜBUNG

Die dritte Übung wird "Guan Tong Liang Ji Fa" (Die beiden kosmischen Pole verbinden) genannt. Es handelt sich ebenfalls um eine relativ einfache Übung. Wie der Name besagt, wird die Energie zu zwei Polen gestrahlt. Es bleibt für dich jedoch unvorstellbar, wie groß die zwei Pole dieses grenzenlosen Kosmos sind. Aus diesem Grund gibt es bei der Übung auch keine Gedankenaktivitäten. Bei der Übung folgen wir dem Energiemechanismus. Deine Hände bewegen sich nach dem von mir eingesetzten Energiemechanismus. Auch bei der ersten Übung existiert ein solcher Energiemechanismus. Ich bin noch nicht früher darauf eingegangen, weil du noch nicht so geübt warst. Mit Bedacht habe ich dich nicht sofort danach suchen lassen, da du dir nicht alles auf einmal merken kannst. Du wirst feststellen, dass deine Hände in der Lage sind, automatisch zurückzuschweben, wenn du dich nach dem Strecken und Dehnen entspannst. Das ist die Wirkung des Energiemechanismus, den ich an deinem Körper eingesetzt habe. In der taoistischen Schule nennt man das die "Kraft der schwebenden (oder fliegenden) Hand". Wenn du eine Bewegung gemacht hast, wirst du merken, dass deine Hand davonschwebt, um die nächste Bewegung zu beginnen. Mit längerer Übungspraxis wirst du dies noch deutlicher spüren. Nachdem ich all diese Dinge für dich eingesetzt habe, treten sie automatisch in Funktion. Selbst wenn man die Übungen einmal nicht macht, wird man trotzdem von Kultivierungsenergie geläutert, und zwar über den Energiemechanismus des Falun. Alle anderen Übungen haben ebenfalls einen solchen Energiemechanismus. Die Stehhaltung dieser Übung gleicht der bei der Falun-Pfahlstellung. Das Strecken und Dehnen entfällt nun. Man steht nur ganz locker da. Für die Hände gibt es lediglich zwei Bewegungen. Die erste heißt Chong Guan mit einer Hand, und gemeint ist: mit einer Hand nach oben abstoßen, mit der anderen Hand nach unten gießen. Die Hände wechseln sich ab. Die Auf- und Abwärtsbewegung einer Hand zählt als eine Einheit. Diese wird neunmal wiederholt. Nach achteinhalb Malen wird die untere Hand mit nach oben genommen. Es folgt Chong Guan mit beiden Händen. Die Bewegung wird ebenfalls neunmal wiederholt. Wenn man später mehr üben möchte, sollte man die Bewegung 18mal wiederholen. Aber egal wie lange man übt, es muss stets eine neunfache Wiederholung sein, denn beim neunten Mal vollzieht der Energiemechanismus Änderungen. An der Zahl Neun muss deshalb festgehalten werden. In Zukunft sollte man nicht immer mitzählen. Wenn der Energiemechanismus sehr stark ist, wird er automatisch nach dem neunten Mal zur Schlussposition kommen. Sobald sich der Energiemechanismus geändert hat, werden die Hände sofort zurückkommen, ohne dass du mitzuzählen brauchst. Die Hände werden garantiert nach dem neunten Chong Guan das Falun drehen. Später sollst du einfach nicht mehr mitzählen.

Das Wuwei (Nicht-Tun, Absichtslosigkeit) ist sehr wichtig beim Praktizieren. Das Tun und Machen ist eine Form von Eigensinn. Bei der Kultivierung auf hoher Ebene gibt es keine Gedankenaktivitäten, es besteht absolutes Wuwei. Manche Menschen verstehen das falsch. Sie behaupten, dass die Bewegungen an sich ja auch ein Tun sind. Doch Buddhas haben auch ihre Handgesten, und Zen-Buddhisten oder die Mönche in den Tempeln vollziehen ebenfalls bestimmte Handgesten und meditieren. Bezieht sich "Tun" also auf die Bewegungsfülle der Handgesten? Bestimmt die Anzahl der Bewegungen, ob es ein Tun oder Wuwei ist? Bedeuten mehr Bewegungen mehr Eigensinn und wenige Bewegungen dann keinen Eigensinn? Es kommt nicht auf die Bewegungen an. Es kommt darauf an, ob man noch Eigensinn hegt, ob man am Tun und Machen hängt, das man nicht ablegen kann. Es kommt letztlich auf das Herz an. Bei unseren Übungen folgen die Hände dem Energiemechanismus. Langsam wird das eigensinnige Tun abgestreift, und wir haben bei unseren Übungen keine Gedankenaktivitäten mehr.

Durch das Chong Guan erfährt unser Körper eine bestimmte Entwicklung. Auch wird dabei der Kanal am Scheitel geöffnet (Scheitelöffnung).

Zusätzlich kann der Kanal unterhalb der Füße geöffnet werden. Mit dem Kanal unterhalb der Füße ist nicht nur der Yongquan-Punkt gemeint. Dabei handelt es sich nämlich um ein Feld. Der menschliche Körper hat verschiedene Existenzformen in anderen Räumen. Beim Praktizieren vergrößern sich der Körper und das Volumen von Kultivierungsenergie. Somit ist er größer als dein menschlicher Körper.

Beim Praktizieren der Übungen wird der Scheitel geöffnet. Die Scheitelöffnung, von der wir sprechen, unterscheidet sich vollkommen von der Scheitelöffnung im Tantrismus. Im Tantrismus versteht man darunter die Öffnung des Baihui-Punktes. In die Öffnung wird dann ein "Glücksgras" gesteckt. Es handelt sich um eine Kultivierungsmethode der tantrischen Schule. Das ist aber nicht die Scheitelöffnung, von der wir sprechen. Bei uns bedeutet die Scheitelöffnung die Verbindung des Gehirns mit dem Kosmos. Bei den normalen buddhistischen Kultivierungsmethoden wird der Scheitel auch geöffnet. Doch es gibt nur ganz wenige Menschen, die davon wirklich wissen. Manche Menschen halten es schon für einen Erfolg, wenn auf dem Scheitel eine Spalte geöffnet wird. Aber damit ist man vom Ziel noch weit entfernt. Wie sieht die echte Scheitelöffnung aus? Alle Schädelknochen müssen geöffnet werden. Danach öffnet und schließt sich der Schädel automatisch. Dieser Zustand bleibt für immer erhalten, ebenso die Verbindung mit dem Kosmos. Dieser Zustand ist die echte Scheitelöffnung. Natürlich ist nicht der Kopf in diesem Raum gemeint. Es wäre schrecklich, wenn der Scheitel sich physisch öffnen würde. Gemeint ist der Kopf in anderen Räumen.

Die Übung ist relativ leicht zu praktizieren. Die Stehhaltung gleicht der aus den ersten beiden Übungen. Man dehnt und streckt sich aber nicht wie bei der ersten Übung, und auch bei den nächsten Übungen wird nicht mehr gestreckt und gedehnt. Man steht ganz locker. Die Haltung bleibt unverändert. Bei der Auf- und Abwärtsbewegung (Chong Guan) muss man darauf achten, dass die Hände dem Energiemechanismus folgen. Schon bei der ersten Übung folgen die Hände dem Energiemechanismus. Nachdem du dich gestreckt und gedehnt hast, schweben die Hände mit der Entspannung von allein zurück in die Heshi-Position. Für jede Übung setzen wir einen derartigen Energiemechanismus ein. Beim Praktizieren der Übungen folgen die Hände diesem Energiemechanismus und verstärken ihn dabei. Du brauchst die Kultivierungsenergie nicht selbst zu läutern. Deine eigenen Bewegungen dienen dazu, den Energiemechanismus zu verstärken. Der Energiemechanismus bringt dann die Wirkungen hervor. Wenn du die Kernpunkte beherrschst und die Bewegungen korrekt ausführst, wirst du die

Existenz dieses Energiemechanismus wahrnehmen können. Der Abstand zwischen Körper und Hand soll nicht mehr als zehn Zentimeter betragen. Die Existenzform des Energiemechanismus lässt sich nur innerhalb dieses Abstandes wahrnehmen. Manche Menschen sind nicht in der Lage, den Energiemechanismus wahrzunehmen, weil sie sich nicht richtig entspannen können. Aber mit der Zeit werden sie ihn merken und spüren. Bei der Übung hat man nicht das Gefühl, als ob man Qi nach oben trägt. Man lenkt es auch nicht mit der Vorstellung. Weder füllt man den Körper mit Qi noch drückt man das Qi nach unten. Die Handflächen zeigen stets zum Körper. Doch ist folgendes zu beachten: Manche halten zwar die Hände nahe am Körper, aber sie lassen sie immer zur Seite gleiten, wenn sich die Hände am Gesicht vorbei bewegen. Sie fürchten, dass die Hände mit dem Gesicht in Berührung kommen. Die Hände dürfen sich jedoch nicht zu weit vom Gesicht entfernen. Sie sollen sich an Gesicht und Körper entlang bewegen. Es reicht schon, wenn die Hände nicht mit der Kleidung in Berührung kommen. Man sollte sich unbedingt nach dieser Vorgabe richten. Wenn du die Auf- und Abwärtsbewegung mit einer Hand korrekt ausführst, zeigt die Handfläche nach innen.

Achte dabei nicht nur auf die obere Hand. Das Abstoßen (Chong) und Gießen (Guan) müssen gleichzeitig durchgeführt werden. Deswegen muss auch die untere Hand ihre Position erreichen. Es wird gleichzeitig sowohl nach oben abgestoßen als auch nach unten gegossen. Beim Chong Guan sollen beide Hände gleichzeitig in Position kommen. Wenn sich die Hände vor der Brust bewegen, sollen sie nicht auf derselben Bahn geführt werden, sonst würde der Energiemechanismus in Unordnung gebracht. Die Hände folgen getrennten Bahnen. Sie bleiben jeweils auf ihrer Körperseite. Die Arme werden gerade ausgestreckt. Das bedeutet aber nicht, dass sie dabei angespannt sind. Sowohl die Hände als auch der übrige Körper sind entspannt. Auch die Hände werden gerade ausgestreckt. Da die Hände dem Energiemechanismus folgen, wirst du ihn spüren. Eine Kraft lässt deine Finger nach oben schweben.

Beim Chong Guan mit beiden Händen dürfen die Hände etwas weiter auseinander sein - jedoch nicht zu weit, weil sich dann die Energie nach oben fortbewegt. Auf diesen Punkt muss man besonders beim Chong Guan mit beiden Händen achten. Manche Menschen sind an die sogenannte Bewegung "Das Qi in den Scheitel gießen" gewöhnt, sodass ihre Handflächen immer nach unten zeigen. Oder sie heben immer das Qi nach oben. Das ist falsch. Die Handflächen sollen zum Körper zeigen. Obwohl es "Abstoßen" (Chong) und "Gießen" (Guan) heißt, werden diese Bewegungen von dem Energiemechanismus durchgeführt, den ich eingesetzt habe. Der Energiemechanismus sorgt für alles. Bei der Übung gibt es keine Gedankenaktivitäten. Das gilt für alle fünf Übungen. Bei der dritten Übung wurde gesagt, dass man sich vor der Übung vorstellen solle, man sei ein oder zwei Rohre. Ziel ist, der Übung eine Information hinzuzufügen, um den freien Durchfluss der Energie zu gewährleisten. Das ist der Hauptzweck. Die Hände bleiben in der Lotos-Haltung.

Ich erkläre noch einmal, wie das Falun gedreht wird. Wie dreht man das Falun? Wozu dreht man das Falun? Der Grund liegt darin, dass unsere Energie viel zu weit ausgestrahlt wird. Die Energie wird bis zu den beiden kosmischen Polen ausgestrahlt, ohne dass das mit gedanklichen Vorstellungen begleitet wird. Das ist auch ein Punkt, worin Falun Gong sich von anderen Methoden unterscheidet. Die sogenannte Aufnahme des Yang-Qi vom Himmel und die Sammlung des Yin-Qi der Erde beschränken sich auf den irdischen Bereich. Bei uns aber durchdringt die Energie die Erde und wird bis zu den kosmischen Polen ausgestrahlt. Du kannst dir keinesfalls vorstellen, wie groß und wie weit die kosmischen Pole sind. Das liegt jenseits der Vorstellungskraft. Auch wenn du den ganzen Tag grübelst, wirst du nicht begreifen, wo die Grenzen des Kosmos liegen. Dies bleibt unfassbar, selbst wenn du dir noch so sehr den Kopf zerbrichst. Die richtige Kultivierung ist jedoch Wuwei. Deine Gedankenaktivitäten sind nicht nötig. Du brauchst dich nicht damit zu befassen. Es ist ausreichend, wenn du in deinen Bewegungen dem Energiemechanismus folgst. Mein Energiemechanismus wird alles bewerkstelligen. Auf folgendes ist zu achten: Gerade weil die Energie sehr weit ausgestrahlt wird, müssen wir zum Schluss dem Falun zusätzlich Schwung geben. Wir selbst müssen das Falun drehen, damit die Energie auf einmal zurückgenommen wird. Es genügt, wenn du das Falun viermal drehst. Wenn du das Falun mehr als viermal drehst, könntest du Blähungen bekommen. Das Falun soll im Uhrzeigersinn gedreht werden. Der Radius, in dem das Falun gedreht wird, soll nicht so groß sein, dass die Hände sich über den Körper hinaus bewegen. Zwei Daumen breit unterhalb des Bauchnabels liegt die Mittelachse. Beim Drehen sind die Arme angehoben. Hände und Arme bleiben gerade. Am Anfang sollen die Bewegungen möglichst korrekt gemacht werden, andernfalls gerät der Energiemechanismus aus der Bahn.

DIE VIERTE ÜBUNG

Die vierte Übung wird "Falun Zhou Tian Fa" (Falun-Himmelskreis) genannt. Beim Namen wurden der Verständlichkeit halber ein Begriff aus der buddhistischen Schule und ein Begriff aus der taoistischen Schule kombiniert. Früher haben wir die Übung als "Drehen des großen Falun" bezeichnet. Diese Übung hat eine gewisse Ähnlichkeit mit dem großen Himmelskreis aus der taoistischen Schule. Die Vorgaben sind jedoch unterschiedlich. Bereits bei der ersten Übung ist es erforderlich, dass sämtliche Meridiane geöffnet werden. Bei der vierten Übung werden nun sämtliche Meridiane gleichzeitig in Bewegung gebracht. Die Meridiane befinden sich sowohl an der Oberfläche des menschlichen Körpers als auch in jeder inneren Schicht des Körpers. Es gibt sogar Meridiane zwischen den inneren Organen. Wie fließt unsere Energie? Bei uns werden nicht nur ein oder zwei Meridiane oder nur die besonderen Kanäle und acht Meridiane in Bewegung gebracht. Bei uns ist es erforderlich, dass sämtliche Meridiane des menschlichen Körpers gleichzeitig in Bewegung gesetzt werden. Die Energie ist deshalb sehr stark. Wenn man den menschlichen Körper in Vorder- und Rückseite, das heißt in Yin- und Yang-Seite aufteilt, dann läuft die Energie jeweils auf der ganzen Seite. Jede Seite wird vollständig in Bewegung gesetzt. Aus diesem Grund solltest du alle Vorstellungen loslassen, die du früher mit dem Himmelskreis verbunden hast, wenn du Falun Dafa kultivieren möchtest. Bei uns werden Hunderte von Meridianen gleichzeitig geöffnet und in Bewegung gesetzt. Die Bewegungen sind relativ einfach. Die Stehhaltung gleicht der bei den ersten Übungen. Nur beugt man den Körper auch vor und folgt dabei dem Energiemechanismus. Bei den vorherigen Übungen existiert ebenfalls ein solcher Energiemechanismus. Wir sprechen davon, dass die Bewegung dem Energiemechanismus folgt. Bei dieser Übung habe ich dir keinen normalen Energiemechanismus eingesetzt, sondern eine Schicht außerhalb des Körpers, die Hunderte von Meridianen in Bewegung bringen kann. Diese Schicht wird Hunderte von Meridianen innerhalb deines Körpers in Bewegung setzen. Auch wenn du diese Übung im Augenblick nicht machst, wird sie dich in Bewegung bringen. Dieser Energiemechanismus dreht sich auch in die Gegenrichtung. Er dreht sich beidseitig. Aus diesem Grund brauchst du die herkömmlichen Methoden nicht mehr anzuwenden. Du solltest die Übungen so durchführen, wie wir es dir beigebracht haben. Dabei solltest du auf alle Gedankenaktivitäten verzichten. Diese Schicht vom großen Meridian bringt dich in Bewegung und wird alles bewerkstelligen.

Bei dieser Übung soll die Energie des ganzen Körpers in Bewegung gebracht werden. Das heißt, wenn man den menschlichen Körper in Yin- und Yang-Seite aufteilt, läuft die Energie von der Yang-Seite zur Yin-Seite, von innen nach außen, von Seite zu Seite, wobei Hunderte und Tausende von Meridianen sich gleichzeitig bewegen. Diejenigen, die früher andere Himmelskreis-Übungen praktiziert und dabei bestimmte Vorstellungen und Begriffe benutzt haben, müssen dies bei der Kultivierung von Dafa ablegen. Was du geübt hast, war viel zu klein: Es dauert viel zu lange, wenn sich nur ein oder zwei Meridiane bewegen. Man glaubte, dass es nur an der Oberfläche des menschlichen Körpers Meridiane gibt. Doch das Netz der kreuz und quer liegenden Meridiane ist dichter als das der Blutgefäße. Die Meridiane befinden sich in allen Räumen und in jeder Schicht deines Körpers, von der Oberfläche bis tief im Inneren. Sie befinden sich auch zwischen den inneren Organen. Deshalb wird der Körper bei uns in zwei Seiten, in Yin- und Yang-Seite, aufgeteilt. So bewegen sich zur gleichen Zeit die komplette Vorder- und Rückseite anstatt nur ein oder zwei Meridiane. Wenn diejenigen, die früher den Himmelskreis geübt haben, ihre alten Vorstellungen nicht loslassen, kommt es zu Störungen. Aus diesem Grund solltest du die alten Vorstellungen nicht mehr beibehalten. Selbst wenn du früher den Himmelkreis zum Laufen gebracht hast, bedeutet das nichts. Wir gehen von Anfang an darüber hinaus. Wir lassen Hunderte von Meridianen gleichzeitig laufen. Die Stehhaltung unterscheidet sich nicht von der bei den vorherigen Übungen. Nur muss man sich dabei vorbeugen. Bei der Übung sollen die Hände dem Energiemechanismus folgen. Sie schweben, geführt vom Energiemechanismus, genauso wie bei der dritten Übung. Bei dieser Übung schwebt und zirkuliert alles im Einklang mit dem Energiemechanismus.

Die Bewegungseinheit soll neunmal wiederholt werden. Wenn du mehr üben möchtest, kannst du die Bewegung 18mal wiederholen. Die Neun bestimmt die Anzahl der Wiederholungen. Später, mit mehr Übungspraxis, brauchst du bei der Übung nicht mehr mitzuzählen. Wieso muss man dann nicht mehr mitzählen? Der Grund ist, dass der Energiemechanismus festgelegt wird, wenn du die Bewegungseinheiten stets neunmal wiederholst. Nach dem neunten Mal führt er automatisch zu der Haltung "Die Hände vor dem Unterbauch überkreuzen" (Die Kou Xiao Fu), ohne dass man mitzuzählen braucht. Natürlich musst du in der Anfangsphase noch mitzählen, weil der Energiemechanismus noch nicht so stark ist.

DIE FÜNFTE ÜBUNG

Die fünfte Übung heißt "Shen Tong Jia Chi Fa" (Verstärkung der göttlichen Fähigkeiten). Sie ist eine Übung für die Kultivierung auf hoher Ebene; sie war früher nur für mich selbst gedacht. Ich gebe sie nun unverändert an euch weiter, weil ich keine Zeit mehr habe... Es wird kaum noch eine Gelegenheit geben, dass ich euch persönlich unterrichte. Aus diesem Grund lehre ich euch alles auf einmal. Später auf hoher Ebene habt ihr somit eine Übung für die Kultivierung. Auch die Bewegungen dieser Übung sind unkompliziert, denn der große Weg ist am einfachsten und leichtesten. Komplizierte Dinge sind nicht unbedingt auch gut. Trotz der Einfachheit wird bei der Übung die Entwicklung von vielen Dingen makroskopisch gesteuert. Diese Übung hat einen hohen Schwierigkeitsgrad. Sie ist sehr intensiv, weil du sehr lange im Lotossitz meditieren musst, um die Übung komplett durchzuführen. Diese Übung ist eine selbständige Übung. Du musst die ersten vier Übungen nicht machen, bevor du diese Übung praktizierst. Überhaupt kann man bei unseren Übungen sehr flexibel vorgehen. Wenn du heute aus Zeitmangel nur die erste Übung durchführen kannst, dann mach eben nur die erste Übung. Du kannst die Übungen frei kombinieren. Es geht auch, dass du heute aus zeitlichen Gründen nur die zweite, die dritte oder die vierte Übung praktizierst. Wenn dir mehr Zeit zur Verfügung steht, dann sollst du mehr üben. Wenn du wenig Zeit hast, darfst du auch wenig üben. Das ist sehr flexibel zu handhaben. Du praktizierst die Übungen, lediglich um den Energiemechanismus, den ich dir eingesetzt habe, das Falun und das Elixierfeld zu verstärken.

Die fünfte Übung ist eine unabhängige Übung mit drei Teilen. Der erste Teil besteht aus den Handgesten. Die Handgesten dienen dazu, den Körper vorzubereiten. Die wenigen Bewegungen sind sehr einfach. Der zweite Teil dient zur Verstärkung der göttlichen Fähigkeiten. Es gibt einige Haltungen, um die Kultivierungsfähigkeiten und die göttlichen Fähigkeiten innerhalb des Körpers auszustrahlen und sie bei der Übung in den Händen zu verstärken. Darum heißt diese Übung "Verstärkung der göttlichen Fähigkeiten ". Es folgt die Meditation im Lotossitz. Die Übung besteht aus diesen drei Teilen.

Ich erkläre zuerst die Meditation im Lotossitz. Für die Meditation gibt es zwei Arten von Lotossitz. Es gibt auch nur zwei Arten des Lotossitzes bei der echten Kultivierung. Manche Menschen mögen einwenden, dass es nicht nur zwei Arten von Lotossitz gibt. Im Tantrismus kenne man doch viele Arten von Lotossitz. Doch ich sage euch, dass jene Haltungen keine Methoden zur Meditation im Lotossitz sind, sondern Übungshaltungen und

Übungsbewegungen. Es gibt nur zwei korrekte Arten von Lotossitz: den einfachen Lotossitz und den doppelten Lotossitz.

Ich erkläre jetzt den einfachen Lotossitz. Der einfache Lotossitz ist nur eine Übergangsmethode für den Fall, dass du den doppelten Lotossitz noch nicht beherrschst. Beim einfachen Lotossitz ist ein Bein unten und eines oben. Vielen Menschen tut beim einfachen Lotossitz der Knöchel so weh, dass sie es nach kurzer Zeit schon nicht mehr aushalten können. Noch bevor das Bein zu schmerzen beginnt, lässt sich der Druck am Knöchel kaum noch ertragen. Wenn du aber den Fuß so weit drehst, dass das Fußgewölbe nach oben zeigt, dann drückt der Knöchel nicht mehr. Trotz dieses Hinweises wirst du das wahrscheinlich nicht gleich schaffen können. Du kannst dich jedoch langsam darin üben.

Zum einfachen Lotossitz ließe sich noch vieles erklären. Bei den taoistischen Schulen wird die Energie immer eingeschlossen und nicht freigelassen. Es wird vermieden, dass die Energie nach außen fließt. Wie wird das erreicht? In den taoistischen Schulen verschließt man die Akupunkturstellen, indem man den Yongquan-Punkt hinter dem Knie und den Yongquan-Punkt am oberen Ende des Schenkels zudrückt. Bei der Jieyin-Position wird dann genauso verfahren: Der eine Laogong-Punkt wird mit dem Daumen zugedrückt, und der andere Laogong-Punkt wird an die Hand gepresst. Dann werden die Hände auf den Unterbauch gelegt.

Diese Dinge spielen jedoch keine Rolle beim Lotossitz in der Kultivierung in unsrem Dafa. Im buddhistischen System, egal in welcher Schule man sich kultiviert, legt man großen Wert auf die umfassende Erlösung aller Wesen. Aus diesem Grund hat man keine Angst davor, dass die Energie nach außen fließt. Selbst wenn die Energie dadurch verbraucht wird, wird sie bei den Übungen ohne zusätzliche Anstrengung ersetzt, weil ja das Niveau der Xinxing gleich bleibt. Die Energie geht nicht verloren. Wenn du aber eine noch höhere Ebene erreichen willst, musst du Leid ertragen. Somit geht die Energie nicht verloren. Wir machen nicht viele Vorgaben zum einfachen Lotossitz, da der einfache Lotossitz bei uns nicht erforderlich ist. Wir verlangen, dass man die Übungen im doppelten Lotossitz praktiziert. Weil es noch Schüler gibt, die den doppelten Lotossitz nicht beherrschen, habe ich jetzt kurz den einfachen Lotossitz erklärt. Wenn du den doppelten Lotossitz noch nicht beherrschst, darfst du zunächst die Übung im einfachen Lotossitz praktizieren. Mit der Zeit musst du jedoch die Übung im doppelten Lotossitz durchführen können. Beim einfachen Lotossitz bleibt bei den Männern der rechte Fuß unten, und der linke Fuß liegt oben. Bei den Frauen bleibt der linke Fuß unten, und der rechte Fuß liegt oben. Der korrekt ausgeführte einfache Lotossitz ist eigentlich sehr schwer. Meiner Ansicht nach ist der Schwierigkeitsgrad nicht geringer als beim doppelten Lotossitz. Die Füße liegen in einer geraden Linie. Zwischen den Beinen und dem Bauch entsteht ein Raum. Das ist auch ziemlich schwierig durchzuführen. Aber wir machen nicht so viele Vorgaben zum einfachen Lotossitz, weil wir bei dieser Übung den doppelten Lotossitz verlangen.

Ich erkläre noch einmal den doppelten Lotossitz. Bei uns ist der doppelte Lotossitz erforderlich. Das heißt, das untere Bein wird von außen ebenfalls nach oben gezogen - man darf das untere Bein aber nicht von innen nach oben nehmen. So entsteht der doppelte Lotossitz. Beim doppelten Lotossitz halten manche Menschen die Beine sehr eng beieinander. Wenn man die Beine sehr eng beieinander hält, wird die Haltung "Fünf Mittelpunkte zeigen zum Himmel" erreicht. Dabei zeigen beide Fußgewölbe nach oben. So übt man auf korrekte Weise die Haltung "Fünf Mittelpunkte zeigen zum Himmel". Das heißt, der Scheitel, die Handflächen und die Fußgewölbe weisen nach oben. Bei den meisten buddhistischen Schulen wird das so praktiziert. Wie eng du die Beine zusammenhältst, entscheidest du selbst. Manche Menschen halten die Beine lieber etwas lockerer. Es ist nur wichtig, die Übung im doppelten Lotossitz zu praktizieren. Du kannst die Beine enger oder auch lockerer zusammenhalten. Beides ist in Ordnung.

Bei der Meditation ist es erforderlich, lange im Lotossitz zu bleiben. Bei der Meditation gibt es keine Gedankenaktivität. Man denkt an gar nichts. Wir betonen, dass dein Hauptbewusstsein unbedingt klar bleiben soll, weil du dich bei dieser Methode selbst kultivierst. Du sollst dich bei klarem Verstand höher entwickeln. Wie sollen wir diese ruhige Meditationsübung praktizieren? Wir verlangen, dass du trotz der tiefen Meditation genau weißt, dass du selbst die Übung praktizierst. Du darfst nicht in den Zustand versinken, nichts mehr zu wissen. Was für ein Zustand wird dann konkret erreicht? Bei der Meditation bekommst du ein angenehmes, wohliges Gefühl, als ob du in einer Eierschale sitzen würdest. Du weißt zwar, dass du die Übung noch durchführst, du kannst dich aber nicht bewegen. In unserer Kultivierungsschule werden diese Zustände mit Sicherheit auftreten. Noch ein weiterer Zustand kommt vor: Bei der Meditation spürt man seine Beine nicht mehr. Man weiß nicht mehr, wo sich die Beine, der Leib, die Arme und die Hände befinden. Nur der Kopf ist noch da. Wenn man die Übung weiter praktiziert, merkt man, dass auch der Kopf verschwunden ist. Was bleibt, ist nur das eigene Bewusstsein, ein winziger Gedanke, dass du selbst noch übst. Dieser eine Gedanke muss beibehalten werden. Es reicht vollkommen aus, wenn dieser Zustand erreicht wird. Warum? Bei diesem Übungszustand entwickelt sich der Körper am umfassendsten und besten. Deshalb solltest du in diesem Zustand in die Stille gehen. Du darfst dabei aber nicht einschlafen. Solltest du einschlafen und den einen Gedanken nicht mehr beibehalten, hast du die Übung umsonst praktiziert. Du hast dann nicht geübt, sondern nur geschlafen. Zum Schluss die beiden Hände in die Heshi-Position bringen. Dann kann man aus der Stille heraustreten. Die Übung ist abgeschlossen.

ANHANG

FORDERUNGEN AN DIE BERATUNGSSTELLEN VON FALUN DAFA

1. Die Beratungsstellen von Falun Dafa sind in allen Regionen inoffizielle Einrichtungen mit dem ausschließlichen Ziel, Hilfe für die Kultivierung zu organisieren. Sie werden auf keinen Fall als Wirtschaftsunternehmen oder Verwaltungen geleitet. Eine Beratungsstelle für Falun Dafa nimmt weder Geld noch Gegenstände als Eigentum in Besitz. Bei einer Beratungsstelle werden auch keine Heilbehandlungen durchgeführt. Die Beratungsstellen werden nur als lockere Organisationen geführt.

2. Die Leiter und die Mitarbeiter der Hauptberatungsstellen von Falun Dafa sind wahre Kultivierende, die sich ausschließlich auf das Falun Dafa konzentrieren.

3. Bei der Verbreitung von Falun Dafa richtet man sich nach den Leitgedanken und nach dem Sinn von Falun Dafa. Eigene Ansichten und die Methoden anderer Schulen werden keinesfalls als Inhalte von Falun Dafa weitergegeben, da sonst die Kultivierenden auf Irrwege geführt werden.

4. Die Hauptberatungsstellen in allen Regionen befolgen die jeweiligen Gesetze des Landes in vorbildlicher Weise und engagieren sich nicht politisch. Die Erhöhung der Xinxing des Kultivierenden ist das Wesentliche bei der Kultivierung.

5. Nach Möglichkeit stehen die Beratungsstellen aller Regionen miteinander in Verbindung, um Erfahrungen auszutauschen und die gemeinschaftliche Entwicklung aller Falun-Dafa-Kultivierenden zu fördern. Die regionalen Beratungsstellen grenzen sich nicht voneinander ab. Die Erlösung beschränkt sich nicht auf bestimmte Regionen oder auf bestimmte Rassen. Die Xinxing eines wahren Kultivierenden soll in jeder Hinsicht zum Vorschein kommen. Alle Falun-Dafa-Kultivierenden sind Schüler des einen Weges.

6. Jeder Tat, die den Inhalt von Falun Dafa beeinträchtigt, wird entgegengewirkt. Kein Schüler darf das, was er auf der niedrigen Ebene, auf der er sich selbst befindet, gesehen, gehört oder verstanden hat, als den Inhalt von Falun Dafa bezeichnen oder als die sogenannte Lehre weitergeben. Es ist auch nicht gestattet, auf die Weise anderen gut zuzureden, um sie auf die richtige Bahn zu bringen, da diese Worte kein Fa (Gesetz) sind. Diese Worte besitzen nicht die Kraft vom Fa, das Menschen erlösen kann. Wenn jemand das Tao mit eigenen Empfindungen erklärt, wird das als eine schlimme Sabotage von Dafa angesehen. Wenn jemand meine Worte zitiert, sollte er sagen: "Meister Li Hongzhi hat gesagt..." usw.

7. Die Schüler von Falun Dafa wenden keinesfalls gleichzeitig die Methoden anderer Schulen an. (Alle, bei denen es zu Problemen gekommen ist, haben diesen Fehler begangen.) Diejenigen, die nicht auf diese Warnung hören, müssen die Konsequenzen selbst tragen. Sagt allen Schülern, dass man die Gedankenaktivitäten, die von anderen Schulen gelehrt werden, bei den Übungen nicht anwenden darf. Sobald man daran denkt, hat man sich schon die Inhalte anderer Schulen gewünscht. Wenn man die Methoden vermischt anwendet, wird das Falun dadurch verformt. Das Falun verliert dann auch seine Wirkung.

8. Kultivierende von Falun Dafa müssen sowohl die Xinxing kultivieren als auch die Übungen praktizieren. Diejenigen, die nur die Übungen praktizieren, aber nicht auf die Erhöhung der Xinxing achten, werden grundsätzlich nicht als Schüler von Falun Dafa anerkannt. Aus diesem Grund soll das Lernen des Fa und das Lesen der Bücher von Falun Dafa zum täglichen Programm gehören.

Li Hongzhi
20.4.1994

DIE VERBREITUNG DES FA UND DER ÜBUNGEN DURCH DIE SCHÜLER VON FALUN DAFA

1. Bei der Übermittlung des Fa sollten alle Schüler von Falun Dafa nur sagen: "Meister Li Hongzhi hat erklärt, dass..." Eigene Empfindungen oder alles, was man selbst gesehen, gehört oder erkannt hat oder Dinge anderer Schulen dürfen auf keinen Fall als das Dafa von Li Hongzhi bezeichnet werden. Andernfalls ist es kein Falun Dafa, was verbreitet wird. Dieses Vorgehen würde eine Sabotage sein.

2. Für die Übermittlung des Fa werden die Falun-Dafa-Schüler die Bücher von Falun Dafa lesen, zusammen diskutieren oder bei den Übungstreffen über das Fa, das Meister Li Hongzhi erklärt hat, sprechen. Die Schüler werden das Fa keinesfalls in Form von öffentlichen Vorträgen verbreiten, wie ich es tue. Kein anderer Mensch ist in der Lage, das Fa zu erklären. Andere können nicht wissen, was ich auf meiner Ebene gedacht habe. Sie kennen nicht den wahren Inhalt von dem Fa, das ich erklärt habe.

3. Wenn die Schüler in den Lektürestunden, bei den Diskussionen oder bei den Übungstreffen Meinungen und Erkenntnisse über Dafa austauschen, sollen sie klar ausdrücken, dass es sich dabei nur um persönliche Eindrücke und Erkenntnisse handelt. Man darf das Fa nicht mit den persönlichen Eindrücken und Erkenntnissen verwechseln. Es ist nicht gestattet, die persönlichen Eindrücke und Erkenntnisse als Worte von Meister Li Hongzhi zu bezeichnen.

4. Falun-Dafa-Schüler werden keinesfalls für die Verbreitung des Fa und der Übungen Geld kassieren oder Geschenke annehmen. Wenn jemand gegen diese Vorschrift verstößt, ist er kein Falun-Dafa-Schüler mehr.

5. Keinem Falun-Dafa-Schüler ist es gestattet, unter irgendeinem Vorwand bei der Verbreitung der Übungen Kranke zu behandeln. Das wäre eine Sabotage des Dafa.

Li Hongzhi
25.04.1994

Kriterien für die Übungsleiter von Falun Dafa

1. Die Übungsleiter müssen diejenigen sein, die unseren Kultivierungsweg schätzen. Sie sind engagiert bei der Arbeit und bereit, ihre Dienste unentgeltlich zu leisten. Sie kümmern sich um die Organisation der Übungsaktivitäten.

2. Die Übungsleiter konzentrieren sich auf Falun Dafa. Die Aneignung der Methoden anderer Schulen führt zum freiwilligen Verzicht auf den Status eines Falun-Dafa-Schülers und Übungsleiters.

3. In der Übungsgruppe sind die Übungsleiter streng gegenüber sich selbst und nachsichtig gegenüber den anderen. Sie achten gut auf die Xinxing und sind hilfsbereit und liebevoll.

4. Die Übungsleiter werden das Dafa und die Übungsmethoden von ganzem Herzen verbreiten, und sie unterstützen die Arbeit der Hauptberatungsstelle aktiv und kooperativ.

5. Die Übungsleiter geben die Übungen kostenlos weiter. Es ist streng untersagt, dass sie dafür Geld oder Geschenke annehmen. Als ein Kultivierender strebt man nicht nach Ruhm oder Reichtum. Was man erhält, ist die Kultivierungsenergie und Tugend.

HINWEISE FÜR DIE KULTIVIERENDEN VON FALUN DAFA

1. Falun Dafa ist eine große Kultivierungsmethode der buddhistischen Schule. Niemand darf im Namen der Falun-Dafa-Kultivierung für Religionen werben.

2. Alle Kultivierenden von Falun Dafa befolgen streng die Gesetze der jeweiligen Länder. Die Kultivierungsenergie und Tugend von Falun Dafa verbieten ausdrücklich Verstöße gegen staatliche Richtlinien und gesetzliche Bestimmungen. Beim Verstoß gegen Recht und Gesetz müssen die Betreffenden die Konsequenzen selbst tragen.

3. Alle Kultivierenden von Falun Dafa zeigen sich untereinander solidarisch, um gemeinsam zur Entwicklung der traditionellen Kultur der Menschheit beizutragen.

4. Ohne die Erlaubnis des Begründers und Meisters unserer Kultivierungsschule und ohne die Erlaubnis der betreffenden Organisationen werden die Kursteilnehmer, Übungsleiter und Schüler von Falun Dafa keine Patienten behandeln. Es ist nicht erlaubt, dafür Geld zu kassieren oder Geschenke anzunehmen.

5. Die Schüler von Falun Dafa konzentrieren sich auf die Kultivierung der Xinxing. Sie greifen nicht in die staatliche Politik ein und beteiligen sich auch nicht an politischen Auseinandersetzungen oder Aktivitäten. Wer gegen diese Vorschrift verstößt, ist kein Falun-Dafa-Schüler mehr. Sämtliche Konsequenzen tragen die Betreffenden selbst.

Euch wünscht große Fortschritte bei der wahren Kultivierung und die frühzeitige Vollendung:

Li Hongzhi
03.11.1996

GLOSSAR

Ah Q	eine Figur in einem Roman, der sich immer selbst beschwichtigt, um zufrieden zu bleiben, vor allem, wenn er schikaniert wird
Amitabha	Sanskrit, Name eines Buddhas, Verwalter der Sukhavati-Welt
Arhat	der Arhat; Sanskrit, eine Fruchtposition im buddhistischen System
Baihui-Punkt	höchster Punkt des Kopfes
Benti	wörtlich: „eigener Körper". Ein zusammenfassender Ausdruck bei der Kultivierung auf niedrigen Ebenen, es bezieht sich auf die Körper in verschiedenen Räumen, einschließlich des fleischlichen Körpers
Besessenheit	Tiere oder andere Lebewesen in den anderen Räumen, die sich an den menschlichen Körper heften
Bodhisattwa	die Bodhisattwa; Sanskrit, eine Fruchtposition im buddhistischen System
Cao Cao	ein großer Krieger in der letzten Zeit der Han-Dynastie (206-220 vor Christus)
Dafa	der Dafa; großes Fa, das große kosmische Gesetz
Dazang-Sutra	auf Sanskrit: Tripitaka. Klassische Schriften des Buddhismus, sie beinhalten Sutra, Gebot und Ausführung.
Elixier	aus anderen Räumen gesammelte hochenergetische Substanzen
Fa	Gesetz, das kosmische Gesetz; im Buddhismus heißt es "Dharma".
Falun	das Falun; Rad des Fa, ein intelligentes Wesen, das Symbol des Falun Dafa
Fashen	der Fashen; Körper des Fa, der aus Kultivierungsenergie und Fa zusammengesetzt ist
Fruchtposition	ein Ausdruck des Buddhismus, bezieht sich auf die jeweilige Kultivierungsebene, die ein Kultivierender erreicht hat
Han-Gebiet	die traditionellen Chinesen wurden "Han" genannt, während es um das Han-Gebiet herum viele Minderheiten gab
Han Xin	ein großer General von Liu Bang anfangs der Han-Dynastie (206-220 vor Christus)

Hua Tuo	ein berühmter Arzt in der letzten Zeit der Han-Dynastie (206-220 vor Christus)
Huiyin-Punkt	Punkt zwischen Anus und Geschlechtsorganen
Karma	Sanskrit, eine Art schwarzer Substanz in einem anderen Raum
Li Shizhen	ein berühmter Arzt in der Ming-Dynastie (1368-1644 nach Christus)
Lotushand	die Finger gerade gestreckt, den Mittelfinger dabei aber leicht zum Handinneren strecken
Qi	formlose, gestaltlose Substanz, Lebensenergie
Qigong	ein moderner Ausdruck für die traditionelle Kultivierung
Ren	Nachsicht, Duldsamkeit, Erdulden, Toleranz, Geduld
richtige Frucht	ein Ausdruck des Buddhismus. Wenn sich ein Kultivierender in einer orthodoxen Schule erfolgreich kultiviert hat und zur Vollendung gekommen ist, erhält er die "richtige Frucht".
Sarira	kugelförmige Dinge, die nach der Einäscherung mancher Mönche oder Nonnen übrig geblieben sind
Shan	Barmherzigkeit, Gutherzigkeit
Sun Simiao	ein berühmter Arzt in der Tang-Dynastie (618-907 nach Christus)
Tao	wird manchmal als "Dao" übersetzt - Weg - Taoismus - das Tao, die höchste Wahrheit, von der im taoistischen System gesprochen wird - der Tao, ein Mensch, der im taoistischen System das Tao erreicht hat
Tao Te King	wörtlich "Schriften über Tao und Tugend", die berühmtesten taoistischen Schriften von Laotse (~500 v. Chr.)
Tathagata	der Tathagata; Sanskrit, eine Fruchtposition im buddhistischen System
Vajra	- Sanskrit, Wächter der Buddhas - auf Chinesisch: "Jingang", also "Gold und Stahl" oder "Diamant", etwas Unzerstörbares
Xinxing	"Natur des Herzens", "Qualität des Herzens", "geistige Natur", "moralisches Niveau"

Yang	eine der beiden Seiten, die nach der altchinesischen taoistischen Lehre in allen Dingen enthalten ist, Gegenteil zu Yin. Das Männliche wird als Yang betrachtet
Yin	die andere der beiden Seiten, die nach der altchinesischen taoistischen Lehre in allen Dingen enthalten ist, Gegenteil zu Yang. Das Weibliche wird als Yin betrachtet
Zhen	Wahrheit, Wahrhaftigkeit, das Wahre
Zhen, Shan, Ren	die höchsten Eigenschaften des Kosmos, wörtlich: Wahrhaftigkeit / das Wahre; Barmherzigkeit / Gutherzigkeit; Nachsicht / Duldsamkeit

WIE LERNE ICH AM BESTEN FALUN GONG?

Die Zahl der Übungsgruppen, in denen die 5 Übungen kostenlos erlernt und praktiziert werden können, steigt stetig. Wo sich in Ihrer Nähe eine Übungsgruppe trifft, erfahren Sie im Internet oder bei einer der unten stehenden Telefonnummern. Es ist empfehlenswert die Übungen in einer Gruppe zu erlernen, da sich später Fehler nur sehr schwierig korrigieren lassen und die Übungsgruppen eine gute Gelegenheit für den Erfahrungsaustausch sind. Sollte keine Übungsgruppe in Ihrer Nähe sein, so können Sie die Übungen mit der Übungs-DVD im Selbsstudium erlernen. Die DVD ist im Buchhandel erhältlich (ISBN 9783862390809) oder kostenlos von den Internetseiten herunterzuladen www.falundafa.de.
Ebenso das Hauptwerk von Herrn Li Hongzhi, das Buch „Zhuan Falun“, welches paralell zu den Übungen öfters gelesen werden sollte, um das Verständnis über den Kultivierungsweg Falun Xiulian Dafa immer weiter zu vertiefen, im Buchhandel erhältlich (ISBN 9783862390625).

KONTAKTE

DEUTSCHLAND:

Waltraud Ng +49-6201-15672
Internetseite: www.falundafa.de

ÖSTERREICH:

Maria Schörgel +43-664-2669 374
Internetseite: www.falundafa.at

SCHWEIZ:

Aleardo Manieri +41-78-7420000
Internetseite: www.falundafa.ch

Li Hongzhi

Falun Dafa - Die 5 Übungen - DVD

Schritt-für-Schrit-Anleitung

Man kann die Übungsbewegungen im Selbststudium mit Hilfe der Übungsbeschreibungen im Einführungsbuch bzw. mit Hilfe dieser DVD erlernen. Aber am besten und einfachsten ist es, sie direkt von Praktizierenden in der Umgebung zu erlernen.

Falls möglich, sollte man an den Gruppenübungen und Gruppenlesungen teilnehmen. Dort werden nicht nur die Übungsbewegungen korrigiert, sondern auch Kultivierungserfahrungen ausgetauscht, wobei sich das Verständnis über die Prinzipien der Kultivierung schneller entwickeln kann. In einer Gruppe ist das Energiefeld stärker, und es wird somit ein besserer Effekt bei der Übung erzielt.

Kontakte in Ihrer Umgebung finden Sie im Internet:

www.falundafa.de
www.falundafa.at
www.falundafa.ch

Li Hongzhi
Zhuan Falun
Deutsche Version - Ausgabe 2012-2 - korrigierte Version
Din A6 Taschenbuch, 2 Fotos (Lehrer Li Hongzhi, Falun)
ISBN 978-3-86239-062-5 / 347 Seiten

Das Buch „Zhuan Falun“ ist das Hauptwerk von Falun Dafa, welches systematisch die tiefschürfenden Prinzipien von Falun Dafa „Wahrhaftigkeit, Barmherzigkeit, Nachsicht“ erklärt. Es ist eine Anleitung, die Menschen hilft, körperliche Gesundheit zu erlangen und zu innerer Ruhe und Stärke zu finden, so dass sie dem Leben mit mehr Gelassenheit begegnen können.

Immer mehr Menschen suchen heute nach Erklärungen für Fragen des Daseins und nach Wegen aus der Enge des menschlichen Lebens, die sie in den gängigen Weltanschauungskonzepten vermissen. Zhuan Falun ist das Hauptwerk des Falun Gong-Kultivierungsweges, in welchem die geistigen Prinzipien des Fa (Gebot, Gesetz) erläutert werden.

Das Falun Dafa basiert auf den grundlegenden Gesetzen des Kosmos: Zhen (Wahrhaftigkeit), Shan (Barmherzigkeit) und Ren (Nachsicht, Toleranz). Durch die Beachtung dieser Gesetze im täglichen Leben und das Praktizieren der von Meister Li geschaffenen Übungen, bietet das Falun Dafa jedem Menschen die Möglichkeit, sich im Rahmen seines normalen Lebens auf eine höhere Daseinsebene zu kultivieren und sich selbst zu erlösen.

Das Buch wurde in China als eine Sensation gefeiert und bereits nur innerhalb von zwei Jahren 25 Millionen Mal erworben.

Li Hongzhi

Falun Dafa Übungsmusik (2 CDs)

2 CDs

Die Falun Dafa Übungsmusik ist eine ruhige Meditationsmusik mit chinesischer Anleitung. Sie ermöglicht dem Praktizierenden die Durchführung der Falun Gong-Übungen im richtigen Rhythmus.

Übungsanleitung gesprochen von Lehrer Li Hongzhi; mit deutscher Übersetzung (Booklet)

Li Hongzhi

Falun Dafa - Vortrag in Guangzhou (3 DVDs)

9-Tage-Seminar 21. - 28. Dezember 1994
Vollständige Originalaufnahme

Am 21. Dezember 1994 erklärte der Lehrer, Herr Li Hongzhi, auf einem großen Vortrag vor ca. 2.000 Menschen in Guangzhou in China Falun Dafa. Dieser Vortrag ist einer von Dreien, aus dem später das Buch Zhuan Falun entstand. Die neun Lektionen umfassen alle Themen, die auch im Zhuan Falun enthalten sind, und sind eine sinnvolle Ergänzung für Anfänger.